UNE BANQUE SANS ACTIONNAIRES, N'A QUE SES CLIENTS À SATISFAIRE.

Au Crédit Mutuel, les conseillers ne sont pas commissionnés sur les produits et services qu'ils recommandent. Nos clients ont ainsi la garantie que seul leur intérêt est privilégié et qu'ils sont accompagnés avec des réponses adaptées à chaque étape de leur vie.

UNE BANQUE QUI APPARTIENT À SES CLIENTS, ÇA CHANGE TOUT.

Le Crédit Mutuel, banque coopérative appartient à ses 7,8 millions de clients-sociétaires.

Caisse Fédérale de Crédit Mutuel et Caisses affiliées, société coopérative à forme de société anonyme au capital de 5 458 531 008 euros, 4 rue Frédéric-Guillaume Raiffeisen, 67913 Strasbourg Cedex 9, RCS Strasbourg B 588 505 354 - N° ORIAS : 07 003 758. Banques régies par les articles L.511-1 et suivants du code monétaire et financier.

REVUE
DES DEUX
MONDES

Sommaire | NOVEMBRE 2020

Éditorial
4 | Le siècle de la Chine
    › Valérie Toranian

Grand entretien
8 | Jean-Marie Gustave Le Clézio. Et pendant ce temps, la Chine attend
    › Franz-Olivier Giesbert

Dossier | Le siècle de la Chine
26 | La revanche de la Chine sur les Occidentaux
    › Renaud Girard
32 | Les champions de l'Internet
    › Patrick Allard
41 | Abraham Liu. La guerre technologique américano-chinoise.
    › Renaud Girard
48 | L'introuvable *softpower* chinois
    › Laurent Gayard
55 | Chantal Delsol. « En Asie, l'individu n'est rien sans ses communautés »
    › Valérie Toranian
62 | Taïwan et Hong Kong face à la volonté de puissance de la Chine
    › Jean-Pierre Cabestan
72 | La crise Covid-19 : notre meilleure chance pour reconstruire une indépendance sanitaire
    › Yves L'Épine
79 | Comment rééquilibrer les relations économiques avec la Chine ?
    › Annick Steta
86 | Fang Fang. Une femme libre, pétrie de convictions
    › Geneviève Imbot-Bichet

Dossier | De Gaulle intime
94 | De Gaulle et Bernanos. Une connivence profonde
    › Jacques Julliard
98 | Richelieu, le vrai modèle
    › Éric Roussel
104 | Une force d'évidence
    › Michel Bernard
110 | De Gaulle, provinciales
    › Jérôme Besnard

Littérature
116 | Le petit janséniste
   › Véronique Ovaldé
124 | Sur qui taper ?
   › Marin de Viry
130 | Saint-Tropez, jugement dernier
   › Jean Le Gall

Études, reportages, réflexions
142 | Adama Traoré, une narration américaine
   › Fatiha Boudjahlat
149 | Existe-t-il une exception portugaise ?
   › Tigrane Yégavian
162 | Le Sacré-Cœur nous sauvera-t-il du Covid-19 ?
   › Marion Dapsance
168 | Vous reprendrez bien un cookie ?
   › Kyrill Nikitine

Critiques
176 | LIVRES – Convalescences et réinvention de soi
   › Michel Delon
178 | LIVRES – Jean-Philippe Toussaint n'est pas avare en émotions
   › Patrick Kéchichian
181 | LIVRES – Ce monde des musées de Krzysztof Pomian
   › Eryck de Rubercy
183 | LIVRES – Les raisons du cœur
   › Stéphane Guégan
186 | LIVRES – Jacques Laurent, la destruction des illusions
   › Frédéric Verger
189 | FILMS – Filmer la guerre
   › Richard Millet
192 | MUSIQUE – Deux enfants d'Henri Dutilleux
   › Olivier Bellamy
195 | EXPOSITIONS – Le travail est-il représentable ?
   › Bertrand Raison

Les revues en revue

Notes de lecture

Éditorial
Le siècle chinois

Qui mieux que Jean-Marie Le Clézio pour se pencher sur l'Asie ? Notre grand écrivain-monde la connaît mieux que bien. Dans le grand entretien qu'il a accordé à Franz-Olivier Giesbert, ce défenseur acharné des cultures, de la Bretagne et de la littérature française « qui nous sauvera » en parle avec amour et humour. Le confucianisme, qui explique « le génie de la copie » des Chinois, Lao Tseu, ce « fantaisiste total », la Corée résistante et créative, l'Inde si hermétique... « Les Chinois sont là, et ils attendent. Ils existent depuis les débuts de la civilisation, il y a dix mille ans. Ils ont tout inventé. *[...]* La Chine est un pays assimilateur : tout ce qui vient d'ailleurs devient chinois. »

Nous sommes entrés dans le siècle chinois.

D'après la Banque mondiale, la Chine pourrait devenir la première puissance économique mondiale avant 2030, dépassant les États-Unis. Position, rappelle Renaud Girard, qu'elle occupa de 1300 à 1820. D'où ce nouveau nationalisme chinois qui se nourrit d'un fort sentiment de revanche à l'égard des Occidentaux, coupables d'avoir, au XIXe siècle, envahi les côtes chinoises, avant d'imposer des traités « inégaux » à l'empire du Milieu l'obligeant à maintenir des droits de douane peu élevés.

2020, la revanche ? La suprématie chinoise, notamment dans le domaine de la technologie, du commerce, de l'industrie, doit pourtant être nuancée. Baidu, Alibaba, Tencent, WeChat ou TikTok, propulsés grâce à l'hyperprotectionnisme chinois, sont loin d'avoir réalisé un développement à l'étranger comparable à celui des Gafam (Google, Apple, Facebook, Amazon, Microsoft), analyse Patrick Allard. Les relations en clair-obscur de ces firmes avec Pékin et le Parti communiste chinois expliquent la méfiance dont elles sont l'objet. Dans une interview, le patron européen de Huawei (géant mondial des télécommunications et des équipements en 5G) répond aux accusations de risque de cyberespionnage. Pour Abraham Liu, c'est parce qu'ils sont en retard sur la 5G que les États-Unis veulent empêcher l'Europe de s'équiper en technologie chinoise. Possible. Mais la cyberdépendance à la Chine pose tout de même question.

La crise sanitaire récente nous a ouvert les yeux sur une autre dépendance : la Chine, avec l'Inde, est la pharmacie du monde. La relocalisation est devenue une priorité. Yves L'Épine en souligne la complexité. Et interroge : plutôt que sur le paracétamol, ne faut-il pas « se focaliser sur les médicaments qui ont un intérêt thérapeutique essentiel et sans alternative simple » ?

La problématique gestion de la crise du coronavirus nous a également éclairés sur les différences fondamentales entre la culture occidentale et les cultures asiatiques, pour lesquelles l'individu n'est rien sans le groupe. Pour la philosophe Chantal Delsol, leurs principes sont à l'opposé des nôtres. Les Asiatiques nous reprochent souvent « notre individualisme, notre relativisme, notre indifférence aux communautés familiales ou nationales, voire notre nihilisme ».

Contrairement à la suprématie américaine, la suprématie chinoise pour asseoir sa domination manque d'un facteur essentiel : le *softpower*. Hollywood et le Coca-Cola… Pékin ne le sait que trop bien qui tente par tous les moyens d'améliorer son image dans le monde. Mais, remarque Laurent Gayard, le *softpower* chinois n'est-il pas condamné « à retomber inlassablement dans l'ornière de la propagande plus ou moins bien dissimulée » ?

Pour avoir dénoncé l'incurie des autorités chinoises à Wuhan pendant la quarantaine, l'écrivain Fang Fang subit une violente charge haineuse sur les réseaux sociaux. Dans les colonnes de la *Revue des Deux Mondes*, elle déplore le retour en force depuis quelques années des ultra-nationalistes, qui « conduisent le pays au désastre ». « Moi qui ai vécu la période de la Révolution culturelle, j'espère que la Chine va continuer à se réformer et à s'ouvrir, que l'espace de parole et d'expression va vraiment s'élargir, car je ne voudrais en rien revenir à ces années sombres. »

Lors du célèbre discours de reconnaissance officielle de la République chinoise en 1967, le général de Gaulle avait précisé qu'il n'y avait dans sa décision « rien qui comporte la moindre approbation à l'égard du système politique qui domine actuellement la Chine ». Mais son sens politique doublé de sa culture historique ont fait de lui, il y a plus de cinquante ans, un véritable visionnaire du destin chinois. « Les moyens de la Chine sont virtuellement immenses. Il n'est pas exclu qu'elle redevienne au siècle prochain ce qu'elle fut pendant tant de siècles, la plus grande puissance de l'univers. »

De Gaulle n'en finit pas de nous fasciner. Parce qu'il était habité par autre chose que lui-même. Par exemple, il se sentait de plain-pied avec Richelieu, figure politique et, comme lui, « serviteur de la grandeur de la France », rappelle Éric Roussel. De Gaulle intime, de Gaulle et ses influences profondes, c'est l'autre dossier de ce numéro de la *Revue des Deux Mondes*. L'homme du 18 Juin détestait les intellectuels mais aimait les écrivains. Bernanos notamment. « C'est la vocation et le salut de la France qui les inspiraient l'un et l'autre pendant la guerre », écrit Jacques Julliard. De Gaulle dont le sens profond de l'intérêt général était compatible avec l'amour des provinces françaises, rappelle Jérôme Besnard. Il y avait là une stratégie et une vision, là où nos politiciens contemporains s'épuisent depuis quarante ans en d'illusoires tactiques.

Valérie Toranian

GRAND ENTRETIEN

8 | Jean-Marie Gustave Le Clézio. Et pendant ce temps, la Chine attend
› **Franz-Olivier Giesbert**

Jean-Marie Gustave Le Clézio
ET PENDANT CE TEMPS, LA CHINE ATTEND

› propos recueillis par **Franz-Olivier Giesbert**

C'est notre grand écrivain national. Non parce que Jean-Marie Gustave Le Clézio a décroché le Nobel, un prix qui, dans le passé, a souvent eu la main malheureuse, mais parce que, à 80 ans, il a édifié une œuvre immense d'où émergent nombre de classiques comme *Le Procès-verbal* (prix Renaudot 1963), *L'Extase matérielle*, *Le Livre des fuites*, *Désert*, *Poisson d'or*, *Révolutions* ou, il y a peu, *Chanson bretonne*, une ode à la Bretagne de son enfance.
Enseignant ici ou là, c'est aussi un passeur invétéré, ce qu'il prouve encore en publiant chez l'éditeur Philippe Rey, en collaboration avec Dong Qiang, professeur à l'université de Pékin, un livre consacré aux poètes chinois de l'époque Tang (618-907), *Le Flot de la poésie continuera de couler*.
Natif de Nice et d'origine bretonne, J.M.G. Le Clézio n'est cependant pas d'ici. Il est de partout et d'ailleurs. Pensez! Pas formaté, libre comme l'air, ce bourlingueur a vécu au Mexique, à Panama, à l'île Maurice, aux États-Unis, en Corée du Sud, en Chine, et j'en passe. Furieusement écolo, défenseur acharné des particularismes ou des peuples menacés, fasciné par l'Asie qu'il connaît mieux que bien, cet écrivain-monde a toujours eu plusieurs décennies d'avance sur son époque.
D'où sa jeunesse, son incroyable vitalité. Avec ça, un sens certain de l'humour. Voilà au moins un grand écrivain qui n'est pas ravagé par l'esprit de sérieux et avec lequel on peut parler fourmis ou papillons sans lui donner l'impression de déchoir. Tout près du port de Nice, sur une terrasse avec une belle vue sur mer, nous avons fait avec lui le tour de la planète en général et de l'Asie en particulier.

**Revue des Deux Mondes** – Commençons par le commencement, c'est-à-dire par l'enfance. Dans *Chanson bretonne*, vous célébrez la Bretagne de votre enfance, moins par nostalgie, dites-vous, que pour rendre compte d'une magie disparue...

J.M.G. Le Clézio Quand on entendait les élèves parler breton à l'école, on les punissait en les envoyant au coin avec un bonnet d'âne et un panneau : « J'ai parlé breton ». Évidemment, l'Éducation nationale a sa part de responsabilité, mais les Bretons auraient pu résister. Ils ne l'ont pas fait. Ils ont préféré que leurs enfants parlent français et ne connaissent pas la même discrimination de la part des francophones. Aujourd'hui, la langue bretonne court un danger de mort.

Revue des Deux Mondes – Quand vous passiez vos vacances à Sainte-Marine, dans le Finistère, vous parliez breton ?

J.M.G. Le Clézio Je le bredouillais. Je pouvais dire des gros mots ou bien : « Viens, on va à la pêche. » Lorsque j'ai cessé d'aller en Bretagne, j'avais 14 ans. À 35 ans, quand j'ai épousé Jémia, elle a voulu y aller. Et là, surprise, je n'entendis plus parler breton : en vingt ans, la langue avait disparu. Cela m'a beaucoup ému, la disparition de cette langue magique un peu rugueuse que l'on entendait tous les jours.

Revue des Deux Mondes – Une autre magie bretonne, celle des légendes, reste quand même présente, non ?

J.M.G. Le Clézio Elle s'effiloche. Dans ces légendes, notamment celle de l'Ankou, le serviteur de la mort qui collecte les âmes, il y a une familiarité avec la mort qui ne cesse d'étonner. Au cimetière, on voyait des vieilles femmes à genoux qui parlaient en breton à la tombe. Que les défunts fussent les maris, les pères ou les fils, elles s'adressaient à eux à travers la pierre. Un autre exemple : non loin de l'endroit où nous allions, il y avait un dolmen, une pierre couchée contre laquelle les femmes enceintes allaient frotter leur ventre pour avoir un garçon en bonne santé. Cette magie allait de soi, les gens la vivaient. Je crois qu'elle était largement véhiculée par la langue bretonne. Quand on a aboli celle-ci, on a aboli la magie – et la sorcellerie.

Revue des Deux Mondes – Allons, il y a encore une magie bretonne...

J.M.G. Le Clézio En Bretagne, où je me rends souvent, j'ai un ami agriculteur qui est sourcier. Il a son bâton de coudrier, et m'explique qu'il tient ce don de sa mère, qui était une soigneuse – une sorcière, disons-le carrément. Eh bien, les enfants de ces gens-là n'ont rien gardé de ces traditions transmises d'une génération à l'autre, comme si un fil avait été coupé. La langue bretonne véhiculait un héritage mythique, qui était non seulement parlé mais aussi vécu. Bien que cet ami, qui n'est pas allé à l'école, ne connaisse pas les raffinements de l'imaginaire, il est capable de parler du bruit de la pluie avec éloquence et, chaque fois qu'il pleut, d'aller regarder l'eau couler sur la falaise : il a une espèce de sympathie avec la nature qui, je crois, est l'essence de cette magie.

Revue des Deux Mondes – Dans un article de la *Revue des Deux Mondes* de 2009, vous faisiez un parallèle entre la Corée et la Bretagne, notamment à travers « l'esprit de résistance ».

J.M.G. Le Clézio Sur l'île de Jeju, au sud de la Corée, où l'on parle un dialecte différent du coréen, on raconte que sept femmes sont sorties de la mer et se sont unies aux hommes, puis leur ont appris à cuisiner. Ce qui lie la Corée à la Bretagne, pour moi, est à la fois un sens de la magie et un esprit de résistance. Sans parler de cette utilisation des petits chemins de traverse sinueux, bordés de murets de pierre non cimentés, comme ceux des Bretons – pour que le vent passe à travers au lieu de les faire tomber.

Revue des Deux Mondes – Autres points communs entre la Corée et la Bretagne, le culte du secret, les fêtes en place publique...

J.M.G. Le Clézio Et le culte des esprits ! Sur l'île de Jeju, les arbres sont pleins de rubans, supposés accorder les faveurs des esprits à ceux qui les y accrochent. Les Bretons ne sont pas animistes, mais ils ne sont pas loin de l'être : pour eux, la nature est peuplée d'esprits, pas seulement de ceux de la mer que l'on exploite et ceux de la terre que l'on cultive. Ils ont le sens du mystère.

Revue des Deux Mondes – Dans ce même article de la *Revue des Deux Mondes,* vous dites que ces chemins de traverse, qui symbolisent l'esprit de résistance, se rapprochent de « cette antique sagesse bouddhiste qui dit que la courbe est toujours plus rapide que la ligne droite ».

J.M.G. Le Clézio Le tao aussi le dit : le végétal qui plie est plus solide que celui qui résiste. Ce sont des leçons universelles.

Revue des Deux Mondes – Comment est venue votre passion pour l'Asie ?

J.M.G. Le Clézio J'ai eu un premier contact très mauvais avec l'Asie quand je faisais mon service militaire en Thaïlande en 1967. J'en ai été renvoyé après avoir dénoncé le tourisme sexuel – et d'ailleurs, j'y suis toujours interdit ! Dans un article que j'avais envoyé au *Figaro,* j'ai attaqué mon logeur, qui était le chef de la police, et qui faisait venir des filles du Nord pour les vendre dans des maisons closes au Sud. L'article n'a pas été publié mais j'ai été expulsé et me suis retrouvé dans une caserne où j'ai passé plusieurs mois. J'avais du mal à supporter ma hiérarchie, les troupiers, et j'étais sur le point d'être réformé quand je me suis porté volontaire pour partir faire un service civil. Claude Gallimard, mon éditeur, auquel j'ai dit que je voulais être exfiltré, connaissait quelqu'un au ministère et j'ai été muté au Mexique.

Revue des Deux Mondes – Au départ, cette fascination pour l'Asie a-t-elle des racines culturelles ?

J.M.G. Le Clézio Bien sûr. La lecture de Victor Segalen m'a passionné et j'ai, il va de soi, beaucoup lu les philosophes asiatiques, à commencer par Lao Tseu, que je place très haut. Un exemple de cette sagesse : Lao Tseu marche dans la nature avec Confucius, et ils voient, dans un torrent très agité, un vieillard nageant paisiblement. Les deux s'arrêtent pour lui demander son secret, et il leur répond que nageant dans cette rivière depuis son enfance, il la connaissait et ne cherchait pas à lui résister si elle l'emportait. Encore un homme illettré et pourtant pétri de savoir, un savoir vécu mais non enseigné qui me fascine, que l'on retrouve beaucoup dans le bouddhisme.

À l'époque de mon service militaire en Thaïlande, j'ai voyagé jusqu'au Cambodge où j'ai circulé en taxi. J'y ai été très frappé par la pratique de la religion, à l'opposé de celle qui avait cours en Thaïlande et qui m'énervait, tant elle se limitait aux apparences, aux rituels, aux signes extérieurs. J'ai écrit un jour : « Le bouddhisme en Thaïlande, c'est le catholicisme en Bretagne. » Tout le monde était furieux, les Thaïlandais et les Bretons.

Revue des Deux Mondes – Le bouddhisme cambodgien est un peu comme le bouddhisme birman, un buvard qui absorbe tout, une religion très enracinée qui permet au peuple de résister à tout. Les régimes passent, le bouddhisme reste.

J.M.G. Le Clézio Un souvenir. Un jour, j'ai visité Angkor au milieu de jeunes bonzes, hommes et femmes, habillés d'orange, qui avaient encore l'air d'enfants et circulaient entre les ruines sans y prêter attention, la tête ailleurs. Ils n'étaient pas là pour les admirer, mais pour se recueillir et prier devant les effigies de Bouddha. Sans oublier de mendier un peu de riz, aussi, comme un rituel d'humiliation. J'ai ressenti ce jour-là toute la force du bouddhisme.

Revue des Deux Mondes – Vous vous définissez toujours comme un Mauricien de langue française, d'origine bretonne ?

J.M.G. Le Clézio Oui, mais j'ai d'autres sentiments d'appartenance en fonction des endroits où j'ai vécu.

Revue des Deux Mondes – Alors, ça fait beaucoup ! Avant Le Clézio l'Asiatique, par exemple, il y a eu Le Clézio l'Africain ou Le Clézio le Mexicain, très prolifique celui-là.

J.M.G. Le Clézio Oui. J'ai d'abord découvert le Mexique à travers les livres. Affecté par l'Éducation nationale à la classification des livres de l'Institut français d'Amérique latine, je me suis mis dans un coin et, au lieu de les ficher et de les trier, je lisais du matin au soir. Tous les chroniqueurs espagnols, les traductions d'ouvrages mayas et de poésie aztèque. Après ces lectures, je suis sorti dans la rue à Mexico et j'ai découvert que les peuples amérindiens, loin d'avoir disparu, étaient toujours là. Dans le métro, on voit des filles avec des grosses boucles d'oreilles en or qui semblent jaillir d'un bas-relief. Les Mayas sont toujours présents, à tous les coins de rue, ils ont simplement pris des noms espagnols. Puis je suis allé au Yucatán, et j'ai été ébloui par la puissance de cette civilisation.

Revue des Deux Mondes – Une civilisation que l'on dit disparue, mais qui reste très vivante.

J.M.G. Le Clézio Et qui n'est pas près de disparaître ! Je me suis passionné pour la guerre des castes, l'une des rébellions paysannes les plus longues de l'histoire. Elle a ensanglanté le Yucatán, l'un des berceaux géographiques des Mayas, après qu'il eut déclaré son indépendance, en 1846. Les Mayas se sont battus contre les autorités blanches et métisses jusqu'en 1911, quand un général mexicain a écrasé leur révolte dans le sang, à Valladolid, à l'intérieur de la forteresse où ils s'étaient réfugiés. Ils n'ont rendu qu'une partie de leurs armes, et ont caché le reste. Je me rappelle qu'à l'époque de la guerre du Viêt Nam, on me disait : "Bientôt, le Viêt Nam, ce sera ici."

Plus récemment, les Mayas se sont défendus avec courage contre les narcotrafiquants, qui mettent en danger une partie des peuples amérindiens survivants, ainsi que les habitants des forêts. Ils refusent la consommation chez eux, ils ont assez de drogues comme ça ! *[Rire.]*

Revue des Deux Mondes – Vous avez vécu parmi les Amérindiens pendant quatre ans et vous êtes devenu, d'une certaine façon, l'ambassadeur des Mayas.

J.M.G. Le Clézio J'ai beaucoup vécu avec les Mayas dans les livres, notamment celui de l'Américain Nelson Reed, *The Caste War of Yucatán* (la guerre des castes du Yucatán). Apparemment, les Mayas avaient adopté le christianisme mais ils l'avaient complètement transformé. Ils habillaient la croix avec des robes et ils lui parlaient. Cela rappelait les mythes originels, où l'est, l'ouest, le nord et le sud forment une croix au centre de laquelle il faut se trouver. Je me baladais avec ce livre plein de cartes et d'illustrations. Je le montrais aux survivants des insurgés, à leurs enfants, à leurs petits-enfants que je rencontrais, en leur demandant s'ils connaissaient tel endroit ou telle figure historique – et ils les connaissaient tous !

Revue des Deux Mondes – Vous avez traduit leur livre mythologique, *Les Prophéties du Chilam Balam*. Pourquoi cette fascination pour la civilisation maya ?

J.M.G. Le Clézio J'ai traduit *Les Prophéties* pour faire connaître à mes lecteurs ce livre merveilleux qui se présente comme un almanach et parle de l'avenir d'un peuple. Pour les Mayas, le temps n'est pas linéaire, mais cyclique : ils revivront tout ce qu'ils ont vécu, et d'autres subiront ce qu'ils ont subi. J'aime beaucoup ce livre que j'ai eu dans ma poche pendant des années et dont je vérifiais avec les Mayas eux-mêmes les traductions de Ralph Roys, Benjamin Péret.

J'envie les Mayas d'avoir un passé si riche avec lequel ils vivent toujours ; parce que mon passé familial est celui de paysans, de gens qui travaillaient la terre, dansaient un peu ou buvaient un coup de temps en temps, mais rien de plus. Eux, ils résistent au temps. J'ai vu naître Cancún, la capitale du Yucatán, à partir d'un endroit où il n'y avait rien, sinon une plage vide.

Revue des Deux Mondes – Comment définiriez-vous l'esprit maya ?

J.M.G. Le Clézio Ce sont d'éternels résistants. Pendant la guerre des castes, non loin du lieu où Cancún serait édifiée, une femme prise de transes a prophétisé que les envahisseurs s'installeraient là. Mais les Mayas ne se sont pas laissé faire. Ils ont repeuplé les forêts avoisinantes et, aujourd'hui encore, ils envoient des délégués porter leurs doléances à la ville lorsqu'elle menace d'empiéter sur leur territoire. Et, contrairement aux Bretons, ils sont restés attachés à leur langue, qu'ils parlent encore à leurs enfants : par elle, par la culture, par la religion, ils parviennent à se préserver. Ils vivent disséminés dans des petits hameaux, ce qui est un moyen de résistance incroyable. Les Aztèques ont disparu, car c'était un monarque qui régnait en tyran sur chaque ville : enlevez le tyran, la ville s'effondre. Les Mayas sont plus anciens, et conscients d'être là depuis cinq cent mille ans, comme l'attestent les dates inscrites sur leurs bâtiments.

Revue des Deux Mondes – Entre les Mayas et l'Asie, il y a beaucoup de points communs. Le panthéisme, l'astrologie...

J.M.G. Le Clézio On a découvert récemment, sur des vieux manuscrits, que les Mayas étaient capables de prédire les éclipses de Lune. C'est la même science du cosmos, du mouvement des astres, que celle que l'on trouve en Chine, au Cambodge, dans beaucoup de pays d'Asie.

Revue des Deux Mondes – Votre premier coup de cœur avec l'Asie, c'était en Corée ?

J.M.G. Le Clézio Oui, c'est un pays que je connaissais à peine quand une amie m'a invité à venir enseigner dans une université de filles. Pour mieux résister aux Japonais et à leur influence coloniale, une Coréenne avait créé cette université vers 1895, pensant que les femmes sauraient mieux leur tenir tête que les hommes. Elle a été fusillée par les Japonais, mais son université a survécu. J'y ai enseigné deux ans, et j'ai bien aimé ce biais d'aborder un nouveau pays par une université, féminine de surcroît. C'est un pays confucianiste, extrêmement sévère à l'égard des femmes, mais ce sont elles, en réalité, qui dirigent tout. Comme au Japon.

Revue des Deux Mondes – Comment expliquez-vous l'incroyable essor économique de la Corée ?

J.M.G. Le Clézio Les Coréens ont d'abord dû se dresser face à l'invasion japonaise, les Japonais ayant décidé, ni plus ni moins, de les éradiquer. Ils ont résisté et se sont spécialisés dans la technique, la céramique, le tissage, souvent dévolus aux femmes ; au début du XXe siècle, ils sont entrés dans l'ère de la semi-industrialisation, fabriquant de la céramique et des tissus à une échelle extraordinaire. Malgré l'influence écrasante du Japon, qui inondait déjà le monde d'aluminium et d'appareils photographiques, les Coréens se sont imposés comme des compétiteurs. Après quoi, mécaniquement, ils se sont lancés dans des industries typiquement japonaises, les voitures et l'électronique.

Revue des Deux Mondes – Peut-on dire que la Corée a eu une trajectoire comparable à celle de la Chine ?

J.M.G. Le Clézio Non. La Chine copie. Pas la Corée qui, au contraire, invente. Le confucianisme chinois, c'est la négation de la supériorité d'un seul sur les autres : tout le monde est égal, et il n'y a nul besoin de s'affirmer en tant qu'inventeur ou que pionnier. C'est peut-être l'explication de ce génie de la copie ou du copiage qu'est la Chine. N'oubliez pas qu'elle a notamment inventé l'appareil photographique à l'époque confucianiste. Mais les Chinois ne l'ont jamais commercialisé. C'est le philosophe Mozi, de son vrai nom Mo Di, qui comprend que la lumière est une onde, et théorise la camera obscura au IVe siècle avant notre ère. Et pourtant, il a fallu attendre le vingtième siècle pour la fabriquer.

Ce n'est pas un hasard si le tao est tant décrié en Chine. Confucius est respectueux des lois divines et humaines, alors que Lao Tseu, l'inventeur du tao, est un fantaisiste total, passant du coq à l'âne et refusant la logique : si l'on atteint le tao, ce n'est plus le tao. Un élève leur pose la même question : que pensez-vous des fantômes ? Confucius répond sans hésiter qu'ils n'existent pas, tandis que Lao Tseu admet que s'il rencontrait un homme digne de confiance lui certifiant avoir vu un fantôme, il serait prêt à y croire.

Revue des Deux Mondes – Vous êtes plutôt taoïste ?

J.M.G. Le Clézio Plutôt animiste, si je devais être quelque chose. Je crois beaucoup aux esprits, ça doit être le côté breton *[Rire.]*

Revue des Deux Mondes – Vous semblez moins attiré par l'Inde que par la Chine ou la Corée.

J.M.G. Le Clézio Je connais l'Inde surtout par les livres. Je suis notamment fasciné par le *Mahabharata,* le livre sacré de l'hindouisme, l'un des textes les plus anciens de l'humanité, fort de ses deux cent cinquante mille vers, considéré comme le plus grand poème jamais composé. C'est certes un peu répétitif et difficile à lire, mais quand je suis en Chine, je le donne aux Chinois pour qu'ils comprennent mieux l'esprit des Indiens.

Un jour, alors que j'étais à Calcutta, dans un hôtel où avait séjourné le cinéaste Jean Renoir, on m'apprend qu'il avait tourné en Inde un film qui s'appelle *Le Fleuve,* dont le sujet est le Gange. Ce film, m'a-t-on dit, avait été interdit en Inde et, par la suite, je l'ai regardé, pour comprendre : c'était parce que Renoir s'y livrait à une critique violente du rabâchage rigide de l'hindouisme. En Inde, la critique est intolérable, contrairement à la Chine, où l'autocritique est l'un des fondements de la pensée. Un Européen se sentira plus proche de la Corée, voire de la Chine, que de l'Inde, puisque l'Inde se ferme, refuse la critique et chasse ceux qui la pratiquent : Renoir n'a jamais eu l'autorisation d'y revenir.

Revue des Deux Mondes – Vous, le panthéiste et l'animiste, comment pouvez-vous ne pas être fou d'Inde ?

J.M.G. Le Clézio Disons que je n'ai pas trouvé le bon biais pour m'attacher profondément à l'Inde. J'ai cru le trouver, une fois, à Bombay, en rencontrant un professeur de philosophie, en mission pour enseigner Sartre à travers l'Inde ; je me suis dit que j'allais m'intéresser à l'Inde, pas pour comprendre Sartre, mais pour comprendre comment Sartre l'existentialiste intéressait cet homme, qui avait des ancêtres indiens, croyait au karma et était profondément persuadé de renaître un jour sous la forme d'un poisson ou d'une anguille. J'ai correspondu longtemps avec ce professeur, et je n'ai jamais trouvé la réponse. *[Rire.]*

Revue des Deux Mondes – L'Asie, qui est en train de construire le XXIe siècle, ne se sent-elle pas supérieure à notre vieux continent délabré ou à l'Amérique qui, elle aussi, a connu des jours meilleurs ?

J.M.G. Le Clézio Pour commencer, les Coréens se sentent très proches des Français. Ils ont été colonisés par les Japonais, comme nous avons été envahis par les Allemands. Nous avons eu nous aussi les uns et les autres nos collabos et nos résistants, ces derniers ayant finalement triomphé grâce à l'Amérique. Ils aiment bien boire, bien manger, et sont assez décomplexés au quotidien, sans cette rigueur japonaise qui se retient de rire trop fort, de se soûler, de dépasser les bornes.

Les Chinois, eux, ont une posture radicalement différente : ils sont là, et ils attendent. Ils existent depuis les débuts de la civilisation, il y a dix mille ans. Ils ont tout inventé, l'écriture huit mille ans avant l'ère chrétienne, la photographie six cents ans avant, la brouette, la poudre, la trigonométrie. Ils ne développent rien : ils attendent que d'autres le fassent en se réappropriant leurs inventions. Ce sont des attentistes. Observez comme ils ont à peine débordé leurs frontières. Cette absence d'esprit conquérant se comprend lorsqu'on lit les poètes de la dynastie Tang : pendant des générations, les Chinois ont été confrontés à des guerres interminables qui ont fait des millions de morts. Elles étaient toujours provoquées par les gouverneurs qui cherchaient à se tailler une place auprès de l'empereur. D'où la conviction des Chinois qu'elles ne servaient que les intérêts des généraux.

Revue des Deux Mondes – Pour vous, il n'y aurait militairement rien à craindre de la Chine ?

J.M.G. Le Clézio Inutile de la forcer à découvrir son esprit de conquête. Malgré le Tibet, il n'y a pas eu chez elle d'Alexandre, de Napoléon, de Hitler. Elle s'est historiquement focalisée sur son intérieur, son centre, sa capitale, rebaptisée Pékin après l'invasion mongole – les Mongols qu'ils ont d'ailleurs assimilés. La Chine est un pays assimilateur : tout ce qui vient d'ailleurs devient chinois.

En Inde, le système de castes empêche cette assimilation : l'étranger, dans le meilleur des cas, fait partie des castes inférieures. Tandis qu'en Chine, les jésuites se sont progressivement tournés vers le taoïsme ou le confucianisme, en apprenant le chinois. Au bout d'un moment, ils ont par exemple abandonné le projet d'enseigner aux Chinois l'idée de péché originel, qui leur était fondamentalement étrangère. Pourquoi se lamenter d'une faute que d'autres auraient commise ? Les Chinois trouvaient l'idée absurde. Pour eux, y compris pour ceux qui ont été christianisés, l'homme n'est pas corrompu à la naissance et c'est la société qui le salit, le rend mauvais. Les jésuites avaient adopté cette idée, ce qui ne les empêcha pas d'être expulsés.

Revue des Deux Mondes – Comment les philosophies anciennes ou le communisme d'antan s'articulent-ils aujourd'hui avec le libéralisme et l'individualisme, qui sont devenus des composantes de l'Asie moderne ?

J.M.G. Le Clézio Lorsqu'on parle avec des familles chinoises, elles ont bien conscience des horreurs du communisme. Mais elles ont leurs cartes du Parti et continuent de se dire communistes. N'oublions pas non plus la vénération traditionnelle des habitants de ce pays pour leurs parents, qui se trouvaient être communistes. Mais je ressens une incompréhension totale envers ceux qui veulent en mettre plein la vue, avec leurs diamants et des voitures de luxe, alors que la plupart des Chinois vivent très chichement. Je ne sais ce que deviendra la cohabitation, dans le même quartier, d'une Chine qui paie des loyers à quatre mille dollars, et d'une autre Chine pour laquelle ils ne dépassent pas cinq dollars.

Revue des Deux Mondes – Quand vous revenez d'Asie en France, avez-vous le sentiment que nous sommes dépassés, et que l'histoire s'écrit maintenant dans l'autre hémisphère ?

J.M.G. Le Clézio Je capte bien cette énergie et ce dynamisme que l'on trouve en Chine. Ils ne s'arrêtent pas à l'économie. Il y a là-bas un essor culturel extraordinaire, une littérature florissante : par exemple, Alai, auteur notamment des *Pavots rouges*, l'écrivain des minorités, d'origine tibétaine et de père musulman, qui écrit sur la condition des paysans tibétains.

Revue des Deux Mondes – Qu'est-ce qu'a changé dans le monde ce coronavirus venu d'Asie ?

J.M.G. Le Clézio Au début des années deux mille, j'ai contracté la grippe porcine au Mexique, et j'ai cru que j'allais mourir. J'étais dans un hôtel, en face duquel se trouvait un croquemort. Je me disais que je n'allais pas tarder à traverser la rue. Ce nouveau virus ne m'a pas étonné. Je suis même surpris qu'avec le contact permanent entre toutes les populations du monde, une pandémie ne soit pas arrivée plus tôt. Autrefois, c'était la variole et la peste. Aujourd'hui, c'est le coronavirus. M'ont étonnées, en revanche, notre obéissance et la rapidité avec laquelle nous nous sommes prémunis contre la pandémie, le port des masques et l'absence d'embrassades, y compris dans les familles.

Revue des Deux Mondes – Ne sommes-nous pas devenus un peu asiatiques, avec nos masques et nos confinements ?

J.M.G. Le Clézio Les Asiatiques ne mettent pas des masques pour se prémunir d'une pandémie en particulier, mais dès qu'ils ont le moindre rhume, pour éviter de le transmettre autour d'eux. Une grande partie de la population, notamment chinoise, est masquée depuis longtemps. C'est très chinois, cet impératif non de ne pas tomber malade soi-même, mais de ne pas contaminer les autres. Ce n'est pas de l'altruisme, c'est l'idée d'appartenance à une communauté qu'on ne doit pas mettre en danger.

En Inde aussi, qui a l'image d'un pays désordonné, les masques et le confinement ont été respectés – à l'exception des castes inférieures, qui n'avaient même pas les moyens d'acheter des masques, et qui ont été complètement abandonnées par les autres.

Revue des Deux Mondes – À propos de l'Inde, dans une autre vie, si vous vous réincarniez, qu'aimeriez-vous être ? Un oiseau ?

J.M.G. Le Clézio Oui, je suis un maniaque des oiseaux. J'ai des livres pour les identifier, des lorgnettes pour les observer. J'aime beaucoup écouter leurs chants. Jusqu'à 6 ou 7 ans, lorsque j'étais à Roquebillière, puis à Nice, j'étais confiné à cause des mines allemandes : on ne sortait pas, on n'avait aucun contact avec la nature ou l'extérieur. Le besoin d'évasion était omniprésent.

Revue des Deux Mondes – Vous pourriez aussi être un monarque, je veux parler du papillon migrateur ?

J.M.G. Le Clézio Ces papillons sont des créatures extraordinaires, qui, par groupe de millions, migrent de l'Amérique du Nord jusqu'au Mexique sur deux générations, dont l'une mourra après avoir pondu ses œufs. Des trajets qui peuvent atteindre 4 000 kilomètres, deux fois par an. C'est bouleversant, insupportablement beau. Ils volent très haut, puisqu'un pilote de ligne dit en avoir vu à huit mille mètres d'altitude. C'est l'absolu de la liberté.

Ils se reproduisent dans une forêt mexicaine du Michoacán, longtemps menacée, où je me suis rendu. Sous leurs poids, les branches des pins craquent. Le bruit de millions d'ailes de papillons qui prennent leur envol au premier rayon de soleil, ça vous hante ensuite toute la vie. C'est peut-être ce bruit-là que j'entendrai avant de mourir.

On dit qu'ils ne sont plus en danger : cela signifie que mes petits-enfants pourront aller les voir. Nous ne faisons qu'emprunter la terre, elle ne nous a jamais appartenu. On a beau créer des frontières, ces papillons volent par-dessus : le monde est à eux.

Revue des Deux Mondes – Pourquoi l'écologie a-t-elle mis tant de temps à s'imposer ?

J.M.G. Le Clézio Ce n'est plus « notre » combat. Nos générations sont trop vieilles et pas assez crédibles pour le mener. Aux nouvelles de prendre le relais. Les ennemis, dans cette affaire, ce sont le cynisme, la cupidité.

Revue des Deux Mondes – Et l'humanisme ?

J-M G Le Clézio Je préfère parler des papillons. C'est beaucoup plus intéressant. *[Rire.]*

Revue des Deux Mondes – À l'heure du bilan, quels sont vos plus beaux souvenirs ?

J.M.G. Le Clézio Pendant mon voyage de noces avec Jémia, nous avons pris un cargo mixte, passagers et marchandises. Un jour, la mer était complètement plate et rouge : c'était la mer des Sargasses. Je pensais que les sargasses étaient des petites algues, pas ces immenses filaments vivants qui rendent cette mer lisse comme de l'huile ; j'en ai pêché une, que j'ai offerte à Jémia comme cadeau de mariage. J'aime les voyages, les cargos, la mer.

Revue des Deux Mondes – Et votre plus belle rencontre ?

J-M G Le Clézio Un indien Emberá qui s'appelait Colombia, de la forêt du Panama. J'y suis resté à peu près quatre ans, et cet homme assez jeune, qui avait une femme et trois enfants en bas âge, avait une connaissance des plantes et de l'usage du datura : il était le spécialiste de toute la région des remèdes médicinaux, et il était en même temps d'une modestie totale, vivant dans une cabane, plantant quelques racines et pêchant des petits poissons. Pourtant, on venait de partout le consulter, mais rien ne le rendait arrogant. Il parlait très tranquillement, apportait des réponses simples à toutes les questions. Ce n'est pas une rencontre littéraire, mais c'est la plus belle que j'ai faite. Cet homme aurait pu parler très bien des papillons.

Revue des Deux Mondes – Un mot sur la France, quand même. Que pensez-vous de sa situation ?

J-M G Le Clézio C'est inquiétant, tant de violence rentrée. Je suppose que c'est un phénomène cyclique, même si je ne l'ai pas connu depuis mon enfance. Mais la littérature française est magnifique et, quoi qu'il arrive, elle nous sauvera.

LE SIÈCLE DE LA CHINE

26 | La revanche de la Chine sur les Occidentaux
› **Renaud Girard**

32 | Les champions de l'Internet
› **Patrick Allard**

41 | Abraham Liu. La guerre technologique américano-chinoise
› **Renaud Girard**

48 | L'introuvable *softpower* chinois
› **Laurent Gayard**

55 | Chantal Delsol. « En Asie, l'individu n'est rien sans ses communautés »
› **Valérie Toranian**

62 | Taïwan et Hong Kong face à la volonté de puissance de la Chine
› **Jean-Pierre Cabestan**

72 | La crise Covid-19 : notre meilleure chance pour reconstruire une indépendance sanitaire
› **Yves L'Épine**

79 | Comment rééquilibrer les relations économiques avec la Chine ?
› **Annick Steta**

86 | Fang Fang. Une femme libre, pétrie de convictions
› **Geneviève Imbot-Bichet**

LA REVANCHE DE LA CHINE SUR LES OCCIDENTAUX

› Renaud Girard

La Chine des vingt premières années du XXIe siècle n'a pas seulement été marquée par une extraordinaire croissance économique, au point de devenir en 2017 la première puissance manufacturière du monde. Elle a aussi été le lieu de la fabrication d'une fierté nationale, bientôt transformée en un nationalisme sourcilleux. Ce phénomène est décelable dans les allocutions publiques des hauts cadres du Parti communiste chinois et dans les manuels scolaires édités sous l'autorité du Parti. Mais il s'exprime aussi dans des secteurs beaucoup plus larges de l'opinion publique chinoise, surtout dans cette jeunesse qui n'a pas connu les horreurs de la Révolution culturelle. *Wolf Warrior 2*, un film peu sophistiqué (sorti en juillet 2017) mais présentant un superhéros prenant tous les risques pour sauver en Afrique des civils chinois pris en otages, a remporté un immense succès, bien au-delà de ce qu'espéraient ses producteurs.

> Renaud Girard est correspondant de guerre depuis 1984. Tous les mardis, il tient la chronique internationale du *Figaro*. En 2014, il a reçu le Grand Prix de la presse internationale pour l'ensemble de sa carrière. Dernier ouvrage paru : *Quelle diplomatie pour la France ? Prendre les réalités telles qu'elles sont* (Cerf, 2017).

Ce nouveau nationalisme chinois se nourrit notamment d'un fort sentiment de revanche à l'égard des Occidentaux, coupables d'avoir, au XIXe siècle, envahi les côtes chinoises en profondeur, avant d'imposer des traités inégaux à l'empire du Milieu. En fait, c'est une Chine déjà très affaiblie pour des raisons intérieures qui se laisse maltraiter par les Occidentaux à partir de la fin de la première moitié du XIXe siècle.

Dans la mentalité des jeunes Chinois d'aujourd'hui, il est crucial que la Chine redevienne ce qu'elle fut de 1300 à 1820 : la première puissance économique du monde. Et que soit refermée la malheureuse parenthèse des XIXe et XXe siècles. En 1820, le PNB de la Chine est dix fois celui du Japon et deux fois celui de l'Inde. En 1950, il est l'équivalent de celui de l'Inde ou du Japon. Entre 1820 et 1950, le PNB chinois n'a pratiquement pas progressé en dollars constants, alors que, grâce à la révolution industrielle, il explose en Europe, aux États-Unis et au Japon.

Cette stagnation chinoise, due à la fois aux dysfonctionnements du pouvoir pékinois et aux ingérences extérieures, est une sorte d'exception dans l'histoire de ce pays-continent. Par sa maîtrise de la riziculture et son agriculture intensive, la Chine fut capable, du XIIIe siècle au début du XIXe siècle, de nourrir une population quatre fois plus nombreuse, tout en maintenant un revenu moyen par habitant plus ou moins stable. De 1700 à 1820, le PNB de la Chine allait croître plus rapidement qu'en Europe occidentale.

Mais pourquoi alors la Chine a-t-elle manqué la révolution industrielle ? La faute lui revient entièrement. La bureaucratie chinoise millénaire empêcha l'émergence d'une bourgeoisie commerciale et industrielle indépendante, comme on en a connu d'abord aux Pays-Bas, puis en Angleterre, puis en France, en Allemagne et en Italie. Les entrepreneurs chinois ne jouissaient aucunement d'une protection légale de leur activité. Toute réussite était susceptible de tomber sous le coup d'une nouvelle taxe bureaucratique. Rien à voir par exemple avec le Second Empire français, qui légifère pour protéger les investissements privés et qui crée le statut juridique de la société anonyme.

La première grande faute stratégique de la Chine, commise autour des années 1430 par l'empereur Hongxi, fut d'abandonner la conquête des océans pour ne concentrer ses efforts que sur la construction de la Grande Muraille (contre les invasions mongoles) et sur l'alimentation de Pékin (construction du Grand Canal, doté de tout un système d'écluses).

Pourtant, la marine chinoise de l'amiral Zheng He était, au début du XVe siècle, de loin la première du monde. Elle possédait 2 700 navires de patrouille et de combat, 400 grands bâtiments de guerre, 400 cargos pour le transport des céréales, et près de 300 immenses « navires-trésors » (cinq fois plus gros que ceux de Vasco de Gama), destinés aux expéditions dans les océans occidentaux (jusqu'au port de Djedda et jusqu'à l'île de Zanzibar !).

L'erreur de la Chine est d'avoir été obsédée par l'ennemi mongol et d'avoir tourné le dos au commerce maritime mondial alors que sa marine était supérieure en qualité aux marines occidentales. Faut-il rappeler que la boussole, l'impression de cartes marines et le gouvernail sont des inventions chinoises ?

Au début du XVe siècle, l'approvisionnement de la capitale en céréales par la voie maritime fut remplacé par le transport par barges sur le Canal. Les navires-trésors disparurent. Les défenses côtières négligées, les chantiers navals fermèrent progressivement.

La deuxième grande erreur de la bureaucratie chinoise, certaine d'occuper le centre du monde, est d'avoir méprisé les Occidentaux et ce qu'ils pouvaient apporter. Bien qu'en contact avec les jésuites et donc avec les innovations technologiques et scientifiques européennes, les élites chinoises montrèrent de l'indifférence. En 1792, lord Macartney apporta, de la part du roi George III, plus de 600 cadeaux scientifiques ou techniques : chronomètres, télescopes, planétarium, mappemondes, outils de mesure, vitres, objets en cuivre, etc. La réaction de l'empereur Qianlong à l'égard de l'ambassadeur du roi d'Angleterre fut un refus poli : « Vous êtes bien aimables, mais nous ne manquons de rien… »

Il fallut attendre 1877 pour que la Chine daigne ouvrir des légations à l'étranger.

Avant de parler de l'impact fort négatif de l'intrusion coloniale, il faut rappeler que le déclin chinois au XIXe siècle est aussi beaucoup dû à la révolte des Taiping (1850-1864), qui toucha plus de la moitié des provinces chinoises et affecta gravement les plus riches. C'est une révolte de type communiste et libératrice, menée par un fils de paysan, Hong Xiuquan, qui avait été éduqué par des presbytériens américains et qui se prenait pour le petit frère de Jésus. Cette guerre civile fut la plus meurtrière de l'histoire de la Chine. Quelques années plus tard, le pouvoir central dut réprimer très sévèrement des révoltes de musulmans dans la province du Xinjiang. La réalité est que la bureaucratie impériale ne parvenait plus à bien gérer un territoire aussi considérable que celui de la Chine.

L'humiliation des traités inégaux

La pénétration coloniale commença par la honteuse guerre de l'Opium faite par l'Angleterre à la Chine. En 1842, les canonnières britanniques s'emparèrent de l'île de Hong Kong, afin de se garantir un accès libre au port de Canton. L'idée des Anglais était d'échanger contre du thé chinois de l'opium produit dans leur nouvelle colonie indienne. L'empereur de Chine avait pourtant interdit chez lui l'usage de l'opium, dans un souci de santé publique. L'opium exporté de force en Chine fit des ravages au sein des élites des villes chinoises.

La Chine subit une seconde attaque en 1858-1860 de la part des Anglo-Français, qui venaient de se faire les dents dans la guerre de Crimée contre la Russie. En 1860, les soldats britanniques et français commirent le sac du Palais d'Été de l'empereur à Pékin. En Europe, seul Victor Hugo s'insurge contre ce qu'il estime être un abominable crime contre la civilisation. Le traité « inégal » qui suivit ce viol colonial ouvrit l'accès à l'intérieur de la Chine, via le Yang-Tsé-Kiang. Ensuite, d'autres traités obligèrent la Chine à maintenir des droits de douane peu élevés. C'était d'autant plus injuste que les Européens savaient très bien qu'ils avaient protégé leurs industries naissantes par des mesures protectionnistes, avant de se rallier au libre-échangisme au milieu du XIXe siècle. Ces traités légalisèrent le commerce de l'opium – dont les ravages sont montrés dans l'album *Le Lotus bleu* des aventures de Tintin. Les traités inégaux accordèrent des droits extraterritoriaux et des juridictions consulaires dans pas moins de 92 ports chinois. Six territoires (les fameuses concessions) furent loués à la Grande-Bretagne, à la France, à l'Allemagne, au Japon et à la Russie. La Chine perdit, au nord, d'immenses territoires en faveur de la Russie et, au sud, tout son réseau d'États tributaires. En 1885, l'Indochine passe sous souveraineté française et les Britanniques s'emparent de la Birmanie en 1886. Qu'aujourd'hui la Birmanie soit redevenue un quasi État vassal de la Chine est un motif de fierté pour tous les jeunes Chinois.

Au XIXe siècle, la Chine perdit le contrôle de ses douanes au profit des Occidentaux, qui veillaient à ce que Pékin ne puisse pas rétablir le moindre protectionnisme. Les Occidentaux créèrent une inspection des douanes maritimes, qui collectait le revenu des douanes chinoises, mais qui en gardait la plus grosse partie, afin de couvrir des « indemnités » pour les attaques militaires que… la Chine avait subies. Une telle injustice motive les jeunes Chinois d'aujourd'hui à savourer leur revanche quand ils constatent que leur gouvernement est capable de se faire attribuer une base militaire à Djibouti, de faire aboutir les voies ferrées de la Nouvelle Route de la soie jusqu'au nord de la France, ou de créer au sein de l'Europe un club prochinois dit « 16 + 1 », qui compte même parmi ses membres des pays de l'Union européenne.

La deuxième revanche de la Chine sur les Occidentaux s'incarne dans l'expansionnisme chinois en mer de Chine méridionale. En annexant, dans les archipels des Paracel et des Spratly, des récifs qui étaient jusque-là des *terrae nullius,* en y édifiant des aérodromes militaires, en y posant des batteries de missiles et en y posant des bombardiers stratégiques, les Chinois établissent leur hégémonie sur une étendue de mer plus vaste que la Méditerranée, et longent les côtes du Viêt Nam, de la Malaisie, de Brunei et des Philippines…

Cet expansionnisme fait peur jusqu'à l'Australie, qui a soudain décidé de passer commande à la France de six sous-marins d'attaque ultramodernes.

Pour justifier cette politique, les Chinois invoquent que leurs pêcheurs parcourent cette mer depuis la nuit des temps. Les pays riverains disent la même chose. Le tribunal arbitral permanent de La Haye a donné tort à la Chine dans un conflit l'opposant aux Philippines.

Mais les Chinois, qui se prétendent souvent par ailleurs très attachés au multilatéralisme, ont décidé d'ignorer la sentence de ce tribunal beaucoup plus ancien que le système onusien lui-même.

L'expansionnisme chinois en mer de Chine méridionale a surpris toute l'Asie car la Chine n'a jamais été, dans son histoire, une puissance conquérante. Les Chinois sont beaucoup plus des commerçants que des guerriers.

La mer de Chine méridionale est riche en poissons et en gaz naturel. Mais elle présente également un intérêt stratégique pour la marine chinoise : c'est par ses eaux peu profondes que doivent passer, depuis la base navale de l'île de Hainan, les sous-marins nucléaires lanceurs d'engins chinois, avant de gagner les profondeurs protectrices de l'océan Pacifique.

En mer de Chine méridionale, les Chinois se sont comportés avec une brutalité et un sens du fait accompli dignes des puissances européennes du XIXe siècle.

La Chine prend là indéniablement une belle revanche sur les Occidentaux. Mais c'est une revanche stratégiquement très coûteuse, car elle lui a aliéné la quasi-totalité des puissances asiatiques.

LES CHAMPIONS DE L'INTERNET CHINOIS : L'ALLIANCE DU PARTI ET DES APPLICATIONS

› **Patrick Allard**

Depuis les mesures prises par l'administration Trump à l'encontre de WeChat et de TikTok et la menace brandie envers Alibaba, le conflit technologique entre la Chine et les États-Unis a pris un tour bizarre en s'étendant à des sociétés gestionnaires de plateformes de jeux en ligne, de partage de vidéos, ou de commerce et de paiement en ligne. Autrement dit, des entreprises liées à la consommation et au loisir. La joute entre la Chine et l'Occident serait-elle une guerre de l'*otium*, plus futile encore que la rivalité engagée autour des entreprises chinoises de téléphonie, ZTE et Huawei, en englobant des firmes chinoises symboles des techniques de l'information et de la communication ? Ne s'agit-il pas de ces mêmes technologies dont l'économiste américain Robert Gordon a mis en doute l'impact économique, notant que la productivité n'a cessé de ralentir aux États-Unis et en Europe (et d'ailleurs en Chine) alors qu'elles se multipliaient et se diffusaient ?

Toutefois, sous la page ou l'application Web, il y a les données et les algorithmes. L'enjeu de la rivalité transpacifique n'est sans doute pas tant la prééminence économique que la suprématie technologique et la sécurité nationale. Les principales entreprises technologiques chinoises, Baidu, Alibaba, Tencent, désignées collectivement par le sigle BAT (ou BATX, par l'ajout de Xiaomi), et une kyrielle de start-up ou plateformes d'applications en ligne, comme WeChat ou TikTok, sont aujourd'hui le symbole des prouesses économiques de la Chine, faisant écho aux Gafam (Google, Apple, Facebook, Amazon, Microsoft) américaines. Comme tout ce qui touche à la Chine, elles sont objets de fascination, du fait de la vigueur de leur essor et de leur taille, tant en termes de capitalisation boursière que d'empreinte commerciale. Mais elles sont aussi sources de crainte, en raison de leur intimité obligée avec le Parti communiste chinois, dans des domaines – l'Internet, les technologies de la communication et l'intelligence artificielle (IA) – dont la maîtrise sert, avec une efficacité renouvelée et amplifiée, la propagande et les ambitions de contrôle social, y compris par-delà les frontières, d'un régime demeuré foncièrement léniniste jusque dans son usage contrôlé de l'économie de marché.

Patrick Allard est consultant auprès du Centre d'analyse, de prévision et de stratégie, ministère des Affaires étrangères, ancien haut fonctionnaire au ministère de l'Écononmie et au ministère des Affaires européennes et étrangères.

Tencent (jeux en ligne, réseaux sociaux, portails Web, commerce en ligne, messagerie instantanée WeChat) et Alibaba (plateformes de ventes interentreprises et de détail, services de *cloud computing*) sont les principales capitalisations boursières en Chine. Au 7e et au 8e rang, elles font partie des dix premières firmes mondiales par la capitalisation boursière, derrière les Gafam, avec une valeur boursière comparable à celle de Facebook mais inférieure à un tiers de celles d'Apple et Microsoft ou la moitié de celles d'Amazon et de Google. D'autres entreprises chinoises engagées dans les télécoms (China Mobile) et l'e-commerce (Pinduoduo) font également partie de ce classement. Tencent (grâce à ses plateformes de jeux en ligne), Pinduoduo, JD et Alibaba comptent parmi les entreprises dont la valeur boursière a le plus progressé depuis le déclenchement de la pandémie de Sars-CoV-2, bien moins toutefois que celle des Gafam.

En revanche, Baidu (moteur de recherche) et Xiaomi (téléphonie mobile et électronique grand public), de même qu'une multitude de firmes innovantes comme DIDI (service de VTC sur Internet), JD (e-commerce), NetEase (moteur de recherche, jeux en ligne), Meituan Dianping (réservation, livraison de repas), iFlytek (reconnaissance vocale et produits Internet associés), DJI (drones), SenseTime (reconnaissance faciale et intelligence artificielle), Hikvision (matériel de vidéosurveillance) ou Megvii (reconnaissance faciale) n'ont pas une capitalisation boursière suffisante pour figurer dans le classement mondial même si elles sont parmi les plus dynamiques du marché chinois. Ni Huawei (téléphonie), officiellement détenue à 100 % par ses salariés, ni ByteDance (plateformes de distribution de contenus basées sur l'apprentissage automatique, comme TikTok et Douyin) ne sont cotées sur un marché boursier public. Aucune firme technologique chinoise, sauf Huawei au 93ᵉ rang, ne figure au classement mondial établi par Forbes des 100 marques commerciales les plus valorisées.

Des rejetons adultérins de l'État chinois et de la finance américaine

Toutes ces sociétés sont de création récente, la plus ancienne est Huawei, créée en 1987. Elles ont pour fondateurs des personnages souvent charismatiques, entreprenants et innovants, nés sous une bonne étoile, devenus milliardaires, bien introduits auprès des autorités civiles et militaires des régions côtières, les plus dynamiques de Chine (Shenzhen, Hangzhou, Beijing, Hong Kong), et respectueux des grands du régime, parfois jusqu'à l'obséquiosité, autant que des préceptes du feng shui.

Les technologies de l'information et de la communication (TIC) ont bénéficié du soutien politique et financier des pouvoirs publics chinois, au niveau local et national, tout au long des trois dernières décennies, au travers de programmes successifs. Les plus récents visent à intégrer le numérique dans des secteurs économiques traditionnels et donnent la priorité à l'IA, dans ses applications civiles et militaires.

Les BATX, plus iFlytek, SenseTime, Huawei et Hikvision, ont été désignées comme membres de l'équipe de champions nationaux choisis par les autorités chinoises pour réaliser les objectifs du régime en matière d'intelligence artificielle et se sont vu assigner, dans une logique héritée de la planification, des domaines spécifiques réservés : la voiture autonome à Baidu, les smart cities à Alibaba, les diagnostics médicaux visuels à Tencent, la reconnaissance orale à iFlytek, la reconnaissance visuelle à SenseTime. Alibaba et Tencent ont modifié leurs applications pour intégrer le système de QR codes, mis au point par les autorités, qui a permis d'imposer à la population chinoise des mesures de quarantaine particulièrement intrusives et autoritaires. Hikvision, iFlytek, Megvii et SenseTime ont fourni aux autorités chinoises des équipements utilisés dans la répression des Ouïgours, ce qui leur a valu d'être l'objet de sanctions américaines.

La complaisance des autorités chinoises a permis aux fondateurs des principales firmes Internet de créer des groupes à la structure complexe, qui contournent les règles limitant strictement les investissements étrangers dans leurs domaines d'activité. Les entreprises du secteur technologique chinois ont ainsi pu bénéficier de financements transnationaux, notamment américains, significatifs. Les BAT, en particulier, ont été créées grâce à des investissements de sociétés américaines de capital-risque. Les trois principales entreprises, de même qu'une trentaine d'autres firmes Internet chinoises, sont cotées sur les Bourses américaines (New York Stock Exchange et Nasdaq). Leurs sociétés mères, enregistrées dans des paradis fiscaux, comptent une part importante d'actionnaires étrangers (près de 60 % s'agissant d'Alibaba, près de 40 % s'agissant de Tencent, plus de 25 % s'agissant de Baidu), dont des investisseurs américains comme Yahoo, BlackRock, Vanguard, etc. Elles ont également des membres non chinois à leur conseil d'administration. Les champions de l'Internet en Chine sont les rejetons adultérins de l'État chinois et de la finance américaine.

Comme l'a souligné naguère un porte-parole du ministère de l'Industrie et de l'Information, les entreprises de l'Internet chinois doivent leurs succès à « l'environnement favorable » créé par le gouvernement chinois, ce qui a empêché que la Chine ne devienne « le royaume de

Google China, Yahoo China and Facebook China », selon les termes du tabloïd nationaliste *Global Times*. Créées après et, à l'origine, d'après les Gafam, les entreprises Internet chinoises se sont développées et ont établi des positions dominantes en Chine à l'abri de la « muraille dorée » édifiée autour de l'Internet chinois par les autorités dès la fin des années quatre-vingt-dix et constamment consolidée et complexifiée depuis. Au nom de la souveraineté cybernétique, une douzaine d'agences gouvernementales chinoises déploient des logiciels sophistiqués pour nettoyer, détourner ou bloquer les contenus et les sites censurés. Les entreprises de télécommunications chinoises, notamment China Telecom, China Unicom et China Mobile, sont appelées à mettre en œuvre et à faire appliquer les mesures de censure de l'État, comme Baidu, Alibaba et Tencent, les principales plateformes Internet chinoises. Contrôlant une grande partie du contenu autorisé en Chine, ces entreprises maintiennent des filtres stricts – se censurant elles-mêmes et leurs utilisateurs – pour se conformer aux exigences gouvernementales.

Les émules chinoises des Gafam ont pu à loisir étudier (souvent aux États-Unis mêmes), copier, s'approprier, adapter, améliorer, selon le modèle d'innovation incrémentale qui reste dominant en Chine, et parfois, dépasser les réalisations des précurseurs américains, au point d'amener ceux-ci à adopter en retour les concepts chinois, telle l'intégration de services en ligne divers (achats, paiements, chat, vidéos, etc.) dans une même application grâce à l'usage, repris d'Alipay, du QR code. Elles ont fait de plus grandes percées sur les marchés des services financiers que leurs homologues américaines. Baidu est parti des mêmes fonctionnalités que Google (mails, agenda, plateforme de vidéos). Il est le quatrième site le plus visité au monde. Fondé en 1999, Alibaba est devenu l'Amazon chinois. Même s'il s'est diversifié, notamment vers les paiements mobiles et la fintech, il continue de tirer la grande majorité de ses revenus du commerce en ligne. Fondé en 1998, Tencent s'est développé à partir et autour de l'application WeChat, dont les multiples fonctionnalités combinent celles de Skype, Facebook et Apple Pay.

Les firmes Internet américaines ont été bannies, chassées ou évincées de Chine par des mesures de censure pure et simple ainsi que des régulations ou des pratiques politiques favorisant les entreprises locales. Les applications d'Alphabet (Google, YouTube, Google Maps, etc.) ont fait l'objet de blocages répétés par la censure chinoise, dès le début des années deux mille. Google.cn a été fermé en 2010. Tumblr, Pinterest, Reddit, Dropbox, Wikipedia sont également bloqués. Amazon ou Uber ont échoué à réaliser une implantation significative ou durable sur le marché chinois. On notera que le protectionnisme technologique chinois est sélectif et n'a pas affecté les ventes de biens et de services des firmes technologiques américaines, parfois au prix de la complaisance de ces dernières pour les requêtes des autorités. La Chine représente plus d'un quart des ventes mondiales des producteurs américains dans des secteurs allant des composants électroniques aux logiciels Internet en passant par les semi-conducteurs. Qualcomm réalise les deux tiers de ses revenus mondiaux en Grande Chine (y compris Taïwan). La Chine représente environ 15 % des revenus mondiaux d'Apple. Le gouvernement chinois a décrété son éviction des administrations, mais Microsoft, dont les logiciels ont été abondamment piratés, équipe encore l'essentiel des PC chinois.

Des géants en Chine mais à la peine pour s'émanciper du marché chinois

Les firmes Internet chinoises ont pu collectivement conserver l'exclusivité de l'accès à un marché domestique de quelque 800 millions d'utilisateurs de mobiles, de loin le plus vaste à l'échelle mondiale, et à une profusion de données, souvent collectées et partagées par les autorités, sans les limites imposées par le respect des libertés publiques et le respect de la vie privée dans les pays démocratiques. Le nombre d'applications comptant plus de 150 millions d'utilisateurs dépasse la vingtaine. En vive compétition entre elles, les BATX ont acquis sur le marché chinois des positions dominantes qui susciteraient des interrogations voire des contre-mesures ailleurs, d'autant qu'elles ont constitué des conglomérats en finançant ou en prenant le contrôle de start-up dans des secteurs connexes de leurs activités de base. Elles possèdent directement ou sponsorisent la plupart des applications les plus utilisées. Baidu concentre 70 % des recherches sur Internet, Alibaba (par l'intermédiaire de sa plateforme Tmall) réalise deux tiers du commerce en ligne sur le marché chinois, WeChat a plus de 1,1 milliard d'utilisateurs. Les BAT, Alibaba largement en tête, se partagent près des trois quarts du marché chinois du *cloud*.

Les géants chinois de l'Internet sont loin d'avoir réalisé un développement à l'étranger analogue à celui des Gafam. Leurs activités et leurs revenus restent principalement concentrés sur la Chine. Baidu, Tencent et Alibaba, pour tenter de s'émanciper de la concurrence sur le marché chinois, ont fait une priorité de l'expansion à l'international et ont réalisé des investissements significatifs à l'étranger. Alibaba a rencontré des succès en Russie et au Brésil mais sa filiale en Asie du Sud-Est connaît des difficultés. Alibaba réalise moins de 10 % de son chiffre d'affaires en dehors de Chine. Tencent réalise moins de 5 % de ses recettes hors de Chine. Le gros des utilisateurs de WeChat réside dans ce pays et la majeure partie de l'activité dans le reste du monde repose sur les diasporas chinoises. Baidu réalise à peine 1 % de ses revenus hors de Chine. En comparaison, Amazon, Google et Facebook réalisent de 30 à 50 % de leurs recettes à l'international. À l'échelle mondiale, les applications chinoises ont deux à trois fois moins d'utilisateurs actifs que les applications américaines comparables. Seules les entreprises de téléphonie, de contrôle visuel, de surveillance vocale ou de jeux et divertissement réalisent une part significative de leurs revenus hors de Chine : TikTok (100 millions d'utilisateurs mensuels aux États-Unis) a été l'application la plus téléchargée au monde en 2019, devant WhatsApp-messenger ; Xiaomi et Huawei détiennent des parts significatives de marché à l'international (8 à 10 %).

On peut raisonnablement anticiper que les BATX continueront d'être à la peine pour s'émanciper du marché chinois. Plusieurs facteurs devraient durablement freiner leur essor international. Certains déboires sur des marchés nouveaux, même proches de la Chine, suggèrent des difficultés à adapter les modèles chinois de relations avec les consommateurs ou encore de gestion et de commandement avec des réalités sociales différentes. La réputation des acteurs chinois du commerce en ligne souffre de la présence persistante de produits frelatés ou contrefaits sur leurs plateformes. L'insuffisance relative de leur effort d'investissement en recherche et développement (R&D) pourrait également freiner l'expansion internationale des firmes chinoises. Les investissements en R&D des entreprises chinoises des TIC ne représentent que moins de 25 % des investissements comparables des firmes américaines. Seules Huawei et Alibaba se classent parmi les 50 premiers investisseurs en R&D. Mais le principal investisseur chinois en R&D, Huawei, investit un tiers de moins qu'Alphabet et 15 % de moins que Microsoft ; Alibaba réalise moins d'un quart des investissements d'Alphabet et moins d'un tiers de ceux de Microsoft.

Toutefois, le principal obstacle à l'expansion internationale des firmes Internet chinoises réside dans leurs relations en clair-obscur avec le régime de Pékin et le PCC, et les réactions de méfiance voire de rejet de plus en plus fréquemment manifestes de ce fait dans le reste du monde. Les BATX, comme la plupart des champions technologiques chinois, sont issues du secteur privé chinois, à la fois objets de fierté et de méfiance par les autorités nationales. Toutefois, en Chine, où les frontières entre le privé et le public sont floues, mouvantes et poreuses, le premier est autant que le second un instrument asservi aux objectifs du régime et du Parti. Ainsi, en vertu de la loi de 2017 sur le renseignement, les entreprises chinoises sont requises d'assister les agences de renseignement dans leur mission, partout dans le monde. Les entreprises chinoises d'une certaine importance, les BATX comme les autres, sont dotées d'une cellule du PCC disposant d'un droit de regard, de plus en plus souvent inscrit dans les statuts sociaux, sur les décisions du conseil d'administration. Allant plus loin, les autorités de Hangzhou se sont attribué des places au conseil d'administration d'Alibaba. En outre, les dirigeants des principales firmes privées sont membres du PCC, certains sont également membres du pseudo-parlement chinois ou d'instances de représentation associées. C'est d'ailleurs une marque de reconnaissance dont sont privés les dirigeants d'entreprises comme ByteDance, plus récentes ou aux activités suspectes ou décentrées par rapport aux priorités du régime. C'est également la source d'un avantage financier, l'appartenance au PCC s'accompagnant d'un surcroît de revenus particulièrement marqué pour les propriétaires des entreprises.

La densité des liens d'allégeance des firmes technologiques chinoises est source de suspicion, entretenue par un flot continu de rumeurs et d'anecdotes sur l'extension de la censure aux échanges hors de Chine, mais aussi et surtout d'interrogations sur la sécurité des données générées par leurs utilisateurs en dehors de Chine de même que sur l'usage qui pourrait en être fait par le régime chinois. La réputation de ZTE a été définitivement ternie par la découverte d'une brèche dans les infrastructures de communication installées au siège de l'Union africaine permettant le transfert de données en Chine. Huawei est en passe d'être exclue à moyen terme des réseaux occidentaux de 5G par crainte de fuite de données et d'espionnage à partir des réseaux installés par elle. Des applications aussi apparemment bénignes que WeChat et TikTok font l'objet d'exclusion aux États-Unis de même que dans d'autres marchés importants, comme l'Inde, pour des raisons affichées de sécurité nationale. Le président Trump a laissé entendre que d'autres firmes technologiques chinoises, comme Alibaba, pourraient être bannies des marchés américains. L'initiative « Clean Internet » annoncée par l'administration Trump à l'été 2020, qui prétend également protéger la confidentialité des données boutant les opérateurs réputés dangereux hors des réseaux de câbles, du *cloud* et des applications, cible l'ensemble des acteurs chinois de l'Internet et pourrait déboucher, à terme, sur l'imposition d'étroites limites à leur activités, voire leur bannissement, aux États-Unis et potentiellement dans d'autres régions du monde.

La quasi-absence de réciprocité de la part des autorités chinoises à ce stade pourrait révéler l'éventail limité de possibilités de représailles pour un pays qui bannit en fait ou en droit les concurrents étrangers des BATX mais aussi le caractère au final secondaire de l'expansion internationale des firmes Internet au regard des priorités du pouvoir.

Les propos de l'auteur n'engagent que lui.

Abraham Liu

LA GUERRE TECHNOLOGIQUE AMÉRICANO-CHINOISE

› propos recueillis par **Renaud Girard**

Le 28 janvier 2019, les téléspectateurs du monde entier ont compris qu'une guerre technologique avait bel et bien commencé entre les États-Unis d'Amérique et la Chine.
Ce jour-là, à Washington, les ministres de la Justice, de l'Intérieur et du Commerce tinrent, avec le directeur général du FBI, une conférence de presse spectaculaire. Le but était d'annoncer et d'expliquer l'inculpation du géant chinois des télécommunications, accusé de vol de technologie, d'espionnage industriel et de violation de l'embargo américain envers l'Iran. Inexistante il y a trente-cinq ans, la société Huawei fait aujourd'hui un chiffre d'affaires de 110 milliards de dollars, sur toute la gamme des équipements de télécommunications : des data centers aux routeurs, aux antennes, aux terminaux (les smartphones). La puissance de cette entreprise privée née à Shenzhen repose sur quatre piliers : coopérative possédée par ses salariés, elle échappe totalement aux aléas boursiers ; dépensant 15 milliards de dollars par an en recherche et développement, elle s'est hissée à la première place mondiale des technologies de la télécommunication ; appuyée sur l'immense population chinoise, elle dispose d'un réservoir quasi inépuisable d'acheteurs, mais aussi et surtout de jeunes ingénieurs

rêvant de travailler chez elle ; modèle de croissance, elle est le chouchou industriel du gouvernement chinois, qui fera toujours tout pour la défendre. L'inculpation à grand bruit de Huawei faisait suite à une mesure du Congrès, moins médiatique mais autrement plus préjudiciable à la firme chinoise : le bannissement de ses équipements dans la constitution du futur réseau 5G (qui multiplie par cent la vitesse de transmission des données, permettant par exemple les voitures se conduisant toutes seules). Les quatre grands opérateurs américains (AT&T, Verizon, Sprint et T-Mobile) ont annoncé qu'ils renonceraient à utiliser des équipements Huawei.

L'Amérique fait aujourd'hui pression sur ses alliés pour qu'ils la suivent dans cette politique. L'ambassadeur américain à Berlin a déclaré que son pays ne pourrait plus continuer à partager des secrets militaires avec l'Allemagne si elle ne renonçait pas à acheter du Huawei pour ses équipements de 5G.

Les Américains estiment que s'équiper en Huawei expose les pays occidentaux à deux risques cyber, l'un grave, l'autre très grave. Le premier est celui de l'espionnage industriel et politique : l'architecte qui a construit un réseau de télécommunications est ensuite le plus capable de le pénétrer. L'autre danger est celui du black-out : en cas de crise politique, la Chine pourrait paralyser les communications et les infrastructures vitales (centrales électriques par exemple).

Les quatre autres membres du club anglo-saxon d'échange d'informations secrètes des Five Eyes sont prêts à suivre le grand frère américain : l'Australie a banni les équipements Huawei, tandis que le Canada a arrêté, à la demande de la justice américaine, la fille du fondateur de la firme chinoise. Le 28 mars 2019, les autorités britanniques ont rendu public un rapport du Government Communications Headquarters (GCHQ) disant qu'il ne pouvait pas donner de garantie absolue que Huawei ne ferait courir aucun risque de sécurité au gouvernement de Sa Majesté. La France et l'Union européenne ne sont pas aussi catégoriques que les Five Eyes. Elles ont une politique similaire de prudence sécuritaire et de volonté d'indépendance stratégique et technologique. Mais elles se refusent à aller jusqu'au bannissement pur et simple de Huawei.

Dans un contexte de tensions croissantes entre Huawei et les États-Unis, Abraham Liu, qui supervise les activités du géant chinois au niveau de l'Union européenne, revient sur la stratégie de l'entreprise et ses défis en France et en Europe.

Revue des Deux Mondes – Quelle est la situation de Huawei au niveau mondial ?

Abraham Liu Notre entreprise vit une période d'incertitudes, les annonces récentes ont eu un impact majeur sur nos affaires. En renforçant les contrôles de l'Export Administration Regulations (EAR), les États-Unis cherchent à bloquer nos approvisionnements et perturbent la chaîne de valeur mondiale. Nous nous battons pour survivre et je pense que nous y arriverons. Nous nous adaptons vite, en développant des produits non américains, afin d'assurer la production et gagner en autonomie. Mais aujourd'hui, indéniablement, l'impact sur notre activité est important, sur certains marchés 5G bien sûr, mais aussi sur la vente de smartphones qui reposent fortement sur des matériaux pour lesquels les alternatives sont rares, comme les puces électroniques TSMC, qui n'a plus le droit de nous fournir. Pour ces produits-là, nous devons endurer les souffrances actuelles et nous adapter. Pourtant, la préoccupation des États-Unis concerne essentiellement la 5G, et non les smartphones : l'objectif américain est clair, il s'agit de tuer Huawei en raison de la 5G.

Revue des Deux Mondes – Comment s'y prennent-ils pour, selon vous, attaquer Huawei ? Et pourquoi ?

Abraham Liu Si vous regardez la 4G, la Chine a approximativement 5,4 millions d'antennes, les États-Unis en ont environ un demi-million, et l'Europe 1 million. La 5G nécessitera davantage d'antennes que la 4G. Chaque antenne aura besoin de 3 à 5 jeux de puces, et repose donc fortement sur les entreprises taïwanaises, en particulier TSMC, le leader mondial dans ce domaine et dont le fondateur est américain.

Chaque antenne a besoin de puces électroniques dont les composants clés sont limités par le Foreign Direct Product Rule (FDPR), qui est un outil de contrôle américain sur la chaîne d'approvisionnement mondial extrêmement puissant. Cet outil est aujourd'hui mis à contribution pour bloquer notre production.

En plus de cela, les États-Unis exercent une pression politique sur leurs alliés, en usant de tout leur poids commercial, diplomatique, économique, pour les empêcher de travailler avec Huawei. Cette stratégie a fonctionné pour l'instant avec la Grande-Bretagne, et l'Europe en général est sujette à la pression américaine.

Pourquoi ? Les États-Unis sont indéniablement en retard sur la 5G, et ils ne veulent pas que l'Europe, qui est un concurrent économique, soit en avance sur cette technologie. La puissance américaine s'est construite notamment sur l'avance technologique. Aujourd'hui, cette avance est mise à mal avec la 5G, et les États-Unis usent de leur puissance pour empêcher les autres d'avancer.

Revue des Deux Mondes – Huawei peut-il résister ?

Abraham Liu Le premier défi au niveau européen est d'assurer la fourniture de nos clients ici. Et je vous le confirme aujourd'hui, nous sommes en mesure de le faire. Depuis plus de quinze ans, notre gestion a permis d'anticiper les obstacles mis sur notre chemin en matière de chaîne d'approvisionnement. Du fait des sanctions américaines depuis l'année dernière, nous avons décidé d'augmenter nos stocks de composants clés. Nous n'avons donc aucun problème pour honorer nos marchés en cours ou même pour construire de nouveaux réseaux complets.

La stratégie américaine est risquée, car, avec cette crise, Huawei peut devenir beaucoup plus forte. Sur la base des données publiques, nous avons acheté pour 18 milliards de dollars à des fournisseurs américains, autant de revenus importants pour les États-Unis qui risquent de cesser. En parallèle, vu les attaques que nous subissons, nous avons investi massivement dans la R&D. Cette année, elle a été portée à 20,8 milliards de dollars US, soit une hausse de 5 milliards. Il s'agit d'une des trois premières performances d'entreprise en matière d'investissement dans la recherche. Cette hausse est le résultat direct des attaques géopolitiques.

Cette période n'est pas sans rappeler le moment où l'Europe devait développer son propre satellite Galileo parce qu'elle était frustrée par sa dépendance vis-à-vis des États-Unis. Ou en 1960 en France lorsque Charles de Gaulle a annoncé l'explosion de la première bombe nucléaire française, assurant ainsi son autonomie stratégique. La même chose pourrait se produire concernant la 5G : la pression américaine encouragera d'autres pays comme la Chine à développer leurs propres stations. En effet, Huawei dépend aujourd'hui de la chaîne de valeur internationale, et les États-Unis tentent de perturber cette chaîne. Cela pousse chacun à s'adapter, mais perturbe aussi l'utilisateur final, pour qui le prix risque d'augmenter. À l'heure actuelle, plus de 90 % des data centers dépendent de Intel, ce qui signifie qu'un pays – les États-Unis – contrôle presque tout. Face aux défis de la compétition industrielle, Huawei souhaite travailler pour éviter la standardisation, et cela passe par l'adaptation, l'innovation et le développement de solutions propres.

Revue des Deux Mondes – Venons-en à l'Union européenne, quelle est votre analyse de la politique européenne vis-à-vis de Huawei ?

Abraham Liu Concernant la position de l'Union européenne, j'ai suivi de près les discours et interviews du Commissaire européen Thierry Breton lorsqu'il a établi la feuille de route et la *toolbox* du continent. Je le respecte profondément car il défend un agenda européen, et ce malgré les pressions américaines : son agenda combine des préoccupations de sécurité et de compétitivité. Pour nous, il est clair que la compétition en Europe est rude, avec déjà deux acteurs européens forts (1). La mission prioritaire de Thierry Breton doit être de disposer de la meilleure technologie 5G pour soutenir l'industrie européenne. Pour cela, il est préférable que la concurrence s'exerce librement pour la 5G, sans bannir d'acteurs, car elle permettra de se doter de la technologie la plus performante et au meilleur marché. Nous espérons que cette compétition sera saine et que l'Union européenne ne cédera pas aux pressions américaines. Aujourd'hui, malgré la position de l'Union européenne, il y a une marge de manœuvre pour chaque pays bien sûr. La situation diffère et les pays sont prudents en raison de la position américaine. En Allemagne par exemple, la situation est encore incertaine avec des débats politiques vifs. La chancelière Angela Merkel est cependant susceptible d'accepter Huawei car elle est consciente de notre avancée sur la 5G. En résumé, nous devons avoir confiance dans la capacité des décideurs européens à privilégier l'intérêt des citoyens, et cela passe par nous traiter justement. Donc j'aimerais dire au commissaire Breton – et à l'Union européenne – de croire en ses champions économiques, qui, eux, nous font confiance depuis que nous sommes ici.

Revue des Deux Mondes – Et qu'en est-il de la France ?

Abraham Liu Nous sommes convaincus que la France dispose d'un pouvoir de décision autonome et basé sur ses propres intérêts souverains. C'est pourquoi nous avons confiance dans notre capacité à faire de bons résultats ici. Nous avons annoncé la création d'une usine, correspondant à un investissement de l'ordre de 1 milliard d'euros. Cette usine que nous souhaitons créer en Alsace générera des milliers d'emplois. Alors que nos concurrents licencient en France, nous sommes dans la logique inverse. Cependant, nous ne pourrons évidemment pas effectuer cet investissement si nous sommes discriminés ici, d'autant que nous partageons les mêmes composantes que nos concurrents et nous offrons une garantie de sûreté des réseaux inégalée. J'aimerais citer un exemple, l'usine PSA à Wuhan. PSA dispose de nombreux avantages pour cette usine. Nous ne demandons pas d'avantage, simplement un traitement égal à celui de nos concurrents. Nous comprenons que, officiellement, il y a un débat au sein du gouvernement français sur le fait d'exclure Huawei des zones dites « sensibles » mais nous pensons qu'il n'y a aucune raison pour cela, et encore moins pour un bannissement plus dur. Tous les opérateurs français ont, à différents degrés, exprimé leur volonté de travailler avec Huawei sur la 5G. Nous sommes des partenaires de confiance et nous pouvons être surveillés. Les autorités françaises ont déjà la capacité et le droit de faire cela. Mais nous souhaitons être dans une relation de confiance et de dialogue avec les autorités françaises et notamment avec l'ANSSI qui a la possibilité et les moyens de vérifier et inspecter toutes nos installations, tous nos réseaux, tous nos bureaux !

Revue des Deux Mondes – Pour finir, pourquoi la 5G centralise-t-elle autant de crispations ?

Abraham Liu La 5G va permettre à un nombre incalculable d'industries de faire un énorme bond en avant, y compris les plus stratégiques. Le secteur des télécoms, qui cristallise les débats d'ailleurs, n'est que l'« arbre qui cache la forêt ». L'important, ce n'est pas l'antenne télécom (l'arbre), mais plus les industries qui en dépendront (la forêt). Aujourd'hui, l'opinion publique se focalise sur l'antenne en réclamant un fournisseur européen, alors que la principale préoccupation devrait être d'acquérir le meilleur réseau 5G possible afin de renforcer la place de l'industrie européenne sur la scène internationale, dans la santé, l'automobile, les services financiers, etc.

1. Nokia, en Finlande, et Ericsson, en Suède, tous les deux actifs sur le marché de la 5G.

L'INTROUVABLE
SOFTPOWER CHINOIS

› **Laurent Gayard**

En 1998, dans un document intitulé « La Puissance des États » (1), le géographe Gérard Dorel estimait qu'après la « méga puissance » américaine, quatre pays seulement pouvaient prétendre à un rôle de puissance mondiale : la France, le Royaume-Uni, l'Allemagne et le Japon. La Russie, plongée dans le chaos des années Eltsine, et la Chine, à laquelle manquaient encore trop largement les moyens de s'affirmer à l'échelle globale, ne pouvaient prétendre à ce titre. Les choses ont changé. Mais la Chine, nouveau géant économique et militaire, dispose-t-elle aujourd'hui d'un *softpower,* élément essentiel de l'affirmation de la puissance ?

Joseph Nye est le père du concept de *softpower,* que l'on pourrait traduire en français par « influence culturelle », ou « pouvoir doux », et que Nye définit comme la capacité d'un pays à « entraîner les autres pays à vouloir ce qu'il veut » et non pas seulement « à faire ce qu'il veut » (2). En cela, le *softpower* se distingue donc non seulement de l'exercice de la force pure à travers l'outil militaire mais aussi de la seule propagande, qui est un ensemble de techniques visant la persuasion de masse plutôt que la séduction. Le *softpower* ne fait donc pas que vanter les mérites d'un modèle au détriment de ses rivaux : il le rend désirable.

Pour faire apparaître un modèle de société comme une norme séduisante, le *softpower* ne peut se contenter de répéter, à l'instar de la propagande, les vertus du modèle qu'il défend et cherche à exporter, il doit le légitimer et, pour cela, recourir à la médiation d'instances de légitimation nombreuses et variées. Il s'agit des organisations et institutions internationales qui peuvent conférer à une nation non seulement la puissance diplomatique mais aussi la légitimité qui participe du *softpower*. C'est également la production culturelle et artistique qui témoigne de la vitalité d'une société susceptible de s'exprimer et de séduire à travers de nombreux médiums. Enfin, la capacité à produire, traiter et diffuser l'information est une composante essentielle du *softpower*.

> Laurent Gayard est docteur en histoire et professeur d'histoire-géographie en lycée, prépa Sciences Po et dans l'enseignement supérieur. Dernier ouvrage publié : *Darknet, Gafa, bitcoin. L'anonymat est un choix* (Slatkine & Cie, 2018).
> › lgayard3@gmail.fr

La Chine possède-t-elle un *softpower* ? La question se pose d'autant plus que la notion est plutôt attachée à des démocraties libérales. On parle de *softpower* américain mais de propagande soviétique. De nos jours encore, la Russie possède toujours l'un des plus brillants patrimoines littéraires et artistiques dans le monde, et une armée de hackers prêts à semer le chaos dans n'importe quelle faible et permissive puissance libérale durant une période d'élection, mais ce n'est pas le film d'animation *La Reine des neiges* de Lev Atamanov (1956) ou le film de Kazansky (1966) que tous les bambins du monde connaissent par cœur, c'est le *Frozen*, sorti des studios Disney en 2013.

La Chine a réussi, bien plus que son voisin russe, à développer des outils numériques et des produits culturels qui lui permettent de proposer des alternatives nationales aux productions honnies du capitalisme libéral et occidental. Pour autant, ces alternatives s'exportent-elles ? Certes, la Chine est encore à bien des égards « l'atelier du monde », et les produits made in China continuent d'irriguer les marchés de la planète, mais le modèle chinois parvient-il à se montrer aussi séduisant et désirable que le modèle occidental pour une partie de la population planétaire ? C'est plus douteux. Les victoires économiques de la Chine semblent ne pas pouvoir se transformer en triomphe culturel de la *Chinese Way of Life*. « La Chine fait avec précaution usage de la diplomatie économique pour rallier ses voisins à sa vision du monde », remarque Tom Miller dans *China's Asian Dream* (3). Cependant, tempère ce spécialiste de l'Asie, la vision du monde défendue par Pékin inquiète voire terrifie ses voisins ou ses interlocuteurs, en fonction de leur proximité géographique avec l'empire du Milieu : « Personne ne croit sérieusement que la Chine est motivée par le fait de favoriser le développement au-delà de ses frontières, en particulier tant que ses entreprises peinent à inspirer le sentiment qu'elles agissent au nom d'une politique d'intérêt éclairée. (4) »

En dépit des investissements pharaoniques réalisés par Pékin dans les « routes de la soie » et le développement d'infrastructures de toutes sortes de l'Asie centrale à l'Afrique, en dépit du succès mondial des géants chinois de la high-tech et du numérique qui rivalisent avec les Gafam et la Silicon Valley, le « rêve chinois » semble toujours être synonyme d'anxiété pour une partie du monde, et l'expansion économique, militaire et diplomatique de la Chine renforce ce sentiment plutôt qu'elle ne l'atténue. La faute à un *softpower* trop embryonnaire, en tout cas inapte à associer une narration séduisante à la réussite économique, comme parviennent encore à le faire les États-Unis de Donald Trump, que l'on présente pourtant volontiers comme un modèle déclinant.

Le *softpower* – en mandarin *ruan shili* (軟實力) – a été officiellement adopté par le gouvernement chinois comme un principe politique en 2007 durant le 17ᵉ Congrès du Parti communiste chinois (5). Pékin a fait porter ses efforts sur l'amélioration de l'image de la Chine dans le monde, pour tenter de gommer ses aspects les plus négatifs et les plus menaçants. La cérémonie d'ouverture des jeux Olympiques qui eut lieu à Pékin le 8 août 2008 a semblé consacrer de manière grandiose la réussite de cette politique, offrant au monde l'image d'une Chine conquérante certes, mais ouverte à la modernité. Mais la crise économique qui s'est étendue à l'ensemble de la planète la même année, si elle a renforcé le poids économique de la Chine, a aussi partiellement ruiné les efforts produits pour faire apparaître ce pays comme moins menaçant et plus amical. Cette fois encore, tous les efforts déployés par la puissante Chine pour se faire passer pour Elliott le dragon ont été ruinés.

Capacité de séduction et influence culturelle

La Chine a pourtant fourni depuis le début des années deux mille des efforts notables pour renforcer son rayonnement culturel, avec la création des instituts Confucius, établissements culturels implantés à partir de 2004 partout dans le monde afin de faire la promotion de la culture chinoise par le biais de l'apprentissage de la langue ou du soutien à des actions éducatives. On comptait, en 2017, 516 instituts Confucius répartis dans 142 pays (6). En comparaison, l'Agence pour l'enseignement français à l'étranger (AEFE) dispose de 535 établissements répartis dans 135 pays (7). Pour Meng Rong, directrice de l'institut Confucius de Montréal, « les instituts, qui misent sur la langue et la culture, sont [...] une manière pour la Chine d'exercer un "pouvoir doux" » (8). Cette stratégie n'a cependant pas été totalement couronnée de succès, là encore parce que l'initiative a suscité avant tout la défiance. Les universités sollicitées répugnent à initier des partenariats avec les instituts qui sont dirigés, de Pékin, par le Hanban (le Bureau de la commission pour la diffusion internationale du chinois) et donc par le Parti communiste chinois. Dans l'enseignement dispensé par les instituts Confucius, le Tibet, Taïwan ou la situation des minorités comme les Ouïgours restent des sujets souvent tabous. La dépendance des instituts Confucius vis-à-vis du pouvoir central communiste et autoritaire à Pékin constitue un lourd handicap en termes de crédibilité pour faire à l'étranger la promotion de la culture chinoise et, là encore, le déficit en termes d'images reste trop important.

En 2008, la magnificence de la cérémonie d'ouverture des jeux Olympiques avait été entachée par les manifestations de protestations contre la politique de la Chine au Tibet, lors du passage de la flamme dans différents pays, manifestations amplement relayées sur Internet. En conséquence, Pékin a produit un effort notable pour muscler sa représentation médiatique à l'étranger et sa présence sur le réseau. Mais si les BATX (Baidu, Alibaba, Tencent, Xiaomi) tiennent aujourd'hui tête aux GAFAM, la Chine fait encore une fois peur dans le domaine numérique. Le déploiement du « Grand pare-feu national » (ou « Bouclier doré », pour reprendre l'appellation officielle) à partir de 2003, l'image très négative à l'étranger du « Système de crédit social », qui évalue grâce à la vidéosurveillance et à la reconnaissance faciale le civisme des Chinois, font percevoir la Chine comme le berceau du totalitarisme numérique, et la guerre commerciale initiée entre États-Unis et Chine contribue à ternir l'image des entreprises chinoises comme Xiaomi ou Huawei, accusées de détournement massif de données au profit de Pékin. Il n'y a guère que le charismatique Jack Ma, leader d'Alibaba, qui partage avec Elon Musk ou Jeff Bezos le statut de gourou de la high-tech.

Les médias plus traditionnels sont également mis largement à contribution par Pékin : China Central Television (CCTV), Radio Chine international ou encore l'agence de presse Xinhua ont considérablement renforcé leur présence à l'étranger depuis les années quatre-vingt-dix. Xinhua possède ainsi 170 bureaux dans le monde (à titre de comparaison, l'AFP en possède 201 dans 151 pays) et s'est imposée depuis le début du XXIe siècle comme l'une des principales agences de presse mondiales. Pour autant, là encore, les partenaires étrangers de Xinhua n'oublient pas que celle-ci trouve la moitié de ses financements auprès du Parti communiste chinois qui contrôle soigneusement ses activités. Restent le cinéma et la littérature, domaines dans lesquels la Chine s'illustre à l'international avec des succès sur grand écran comme *Adieu ma concubine* en 1991, *Tigre et Dragon* en 2000, *In the Mood for Love* la même année ou la série des *Ip Man*, de 2010 à 2019, et des acteurs et actrices de renommée internationale comme Jackie Chan, Gong Li, Donnie

Yen ou Zhang Ziyi. Le rachat en 2012, par Wanda Group, un des plus importants propriétaires chinois de salles de cinéma, de l'américain AMC Entertainment pour 2,6 milliards de dollars, créant ainsi le premier opérateur mondial du secteur, a conforté la place du cinéma chinois dans le monde. Mais, là encore, le bât blesse si l'on considère ce que le cinéma contemporain chinois doit à Hong Kong, aujourd'hui brutalement repassée sous la botte de Pékin. On peut faire la même réflexion dans le domaine de l'art ou de la littérature. Si Mo Yan, l'auteur de l'incroyable *Beaux seins, belles fesses*, a reçu le prix Nobel de littérature en 2012, Pékin a, en 2017, laissé mourir en prison Liu Xiaobo, écrivain lauréat du prix Nobel de la paix. Au cours de la guerre froide, la CIA américaine finançait, avec plus de finesse, en toute discrétion, des troupes de théâtre d'avant-garde ou socialistes qui critiquaient ouvertement le gouvernement américain, ceci afin de montrer que la démocratie américaine garantissait à la fois le pluralisme et la vitalité artistique. La Chine, elle, semble aujourd'hui encore un peu occuper le rôle de l'URSS d'alors. Force est de constater que si la Chine possède aujourd'hui la deuxième industrie cinématographique mondiale en termes de profits ou le plus grand nombre d'internautes au monde, ces prouesses restent celles d'un marché intérieur dont la Chine peine encore à franchir les frontières pour se poser en modèle culturel sur le plan global.

La crise du coronavirus a représenté une nouvelle défaite du *softpower* chinois. Alors que, dans les premiers temps de la pandémie, l'OMS et l'Occident vantaient la gestion de crise de Pékin, développant un véritable « *softpower* sanitaire », les premiers doutes sont apparus en avril 2020 sur la réalité du bilan chinois. Puis les doutes se sont transformés en défiance et, une fois encore, en déroute pour le *softpower* et la diplomatie chinois. Si Jiang Zemin avait lancé en 1999 le mot d'ordre « Sortir de la Chine », celui-ci peine à se réaliser autrement qu'économiquement ou militairement. Mais si le *softpower* représente tout autant la capacité de séduction que l'influence culturelle, on peut se demander si cette capacité de séduction peut réellement être l'apanage d'un régime autoritaire et si le *softpower* chinois n'est pas condamné à retomber inlassablement dans l'ornière de la propagande plus ou moins bien dissimulée. Et tant que la Chine ne sera pas parvenue à régler cette question, elle demeurera une puissance globale incomplète.

1. Gérard Dorel, *La Puissance des États*, La Documentation française n° 8006, 1998.
2. Joseph Nye, *Bound to Lead: The Changing Nature of American Power*, Basic Books, 1990.
3. Tom Miller, *China's Asian Dream*, ZED Books, 2017, p. 239.
4. *Idem*, p. 241. La traduction est celle de l'auteur de cet article.
5. Nashidil Rouiaï. « Sur les routes de l'influence : forces et faiblesses du soft power chinois », *Géoconfluences*, 14 septembre 2018. Http://geoconfluences.ens-lyon.fr/informations-scientifiques/dossiers-regionaux/la-chine/articles-scientifiques/forces-et-faiblesses-du-soft-power-chinois.
6. Idem.
7. Source : aefe.fr
8. Propos rapporté par Yves Schaëffner, « Institut Confucius. Le pouvoir doux chinois », *La Presse*, Montréal, 29 mai 2010.

Chantal Delsol

« EN ASIE, L'INDIVIDU N'EST RIEN SANS SES COMMUNAUTÉS »

› propos recueillis par **Valérie Toranian**

Seuls les Occidentaux ont inventé l'individualisme, nous rappelle la philosophe Chantal Delsol, membre de l'Institut. Fondées sur des principes millénaires, les sociétés d'Asie sont « holistes ». Elles font passer le tout avant la partie, les communautés avant l'individu. Ce qui les rend souvent plus fortes face aux périls extérieurs.

Revue des Deux Mondes – Dans votre livre *Le Crépuscule de l'universel*, vous décrivez la puissante tentative de récusation de l'Occident universaliste, des droits de l'homme et de l'individu, par (entre autres) les valeurs asiatiques. Comment définissez-vous ces valeurs ?

Chantal Delsol Ce qui est frappant aujourd'hui, c'est la désaffection dans laquelle est entrée la culture occidentale. Depuis des siècles, le souci primordial de nombre de cultures dans le monde était : faut-il s'occidentaliser ou demeurer tels que nous sommes ? Et s'occidentaliser jusqu'à quel point ? Faut-il renoncer entièrement à notre identité pour devenir tout pareils aux Occidentaux ? Bien sûr, l'Occident depuis cinq siècles a conquis des continents entiers par la force. Mais ses conquêtes étaient en même temps des missions, et fonctionnaient comme telles. La culture occidentale a fasciné les autres cultures et les a souvent rendues obsolètes par sa seule présence. Il suffit de se rappeler Pierre le Grand en Russie, la Turquie d'Atatürk, la Chine du début du XIXe siècle et tant d'autres exemples. Cette époque est finie. Depuis le tournant de ce siècle, on voit la Russie récuser l'Occident et redorer le blason de ses convictions orthodoxes et autocratiques ; on voit des pays musulmans ramasser leur élan autour de l'islam et parfois de façon radicale. On voit les pays asiatiques se réunir autour des valeurs asiatiques, et cela en opposition avec nous. Un exemple : il y a une trentaine d'années, nos dirigeants apportaient en Chine le langage des droits de l'homme et ne tarissaient pas de remontrances quant à leur non-application dans les pays asiatiques, et les dirigeants chinois jouaient le jeu, protestaient qu'ils n'étaient pas de si mauvais démocrates, etc. Aujourd'hui, il n'est plus du tout question de ces admonestations occidentales sur la bonne manière de gouverner un pays. Les Chinois ironisent sur les droits de l'homme et nous les crachent à la figure. J'ai parlé à un colloque à Pékin où des collègues chinois m'ont ri au nez en me disant que la notion de « personne » était une affabulation occidentale. Cela est nouveau et entame une nouvelle période : nous n'avons plus d'influence culturelle – alors que nous avons toujours joué là-dessus, et toutes nos relations internationales jouaient là-dessus. Notre universalisme n'a plus de sens. Nous sommes devenus une culture particulière, une parmi d'autres. Cela change tout.

Ce qui frappe, c'est la convergence de ces diverses cultures, en tout cas face à l'Occident : toutes défendent, face à notre individualisme, des cultures holistes. Leurs arguments pour nous mettre en cause se rejoignent. Toutes, d'une manière ou d'une autre, nous reprochent notre individualisme, notre relativisme, notre indifférence aux communautés familiales ou nationales, voire notre nihilisme. Et parce que ces cultures sont très différentes les unes des autres, la convergence de ces reproches nous en apprend davantage sur nous que sur elles.

> Chantal Delsol est philosophe, membre de l'Académie des sciences morales et politiques. Dernier ouvrage publié : *Le Crépuscule de l'universel* (Cerf, 2020).

Revue des Deux Mondes – Ces valeurs asiatiques sont-elles homogènes ? Sur quels courants spirituels et religieux s'appuient-elles ?

Chantal Delsol À vrai dire, même si l'on parle de « valeurs asiatiques », je n'aime guère le terme de « valeur », qui suppose la relativité. Disons qu'il s'agit de principes issus des traditions de ces pays et de leurs diverses sagesses ou religions, et qui tous ensemble forment un monde, au sens où ils sont cohérents entre eux. Dans chaque culture, les différents principes de la vie personnelle et commune sont cohérents et forment un monde. Chez nous, la croyance en la dignité de la personne correspond avec la ferveur démocratique, par exemple. De la même façon, le régime politique chinois, de contrainte et de contrôle, correspond avec la conception d'un individu sans autonomie personnelle. Cette cohérence entre les différents principes de chaque culture est très importante. Il est arrivé un moment où les pays asiatiques se sont rendu compte que l'Occident, en voulant leur imposer des démocraties, leur imposait de contredire leurs propres convictions fondamentales. Et c'est ce qui a dû arriver aussi à certains pays musulmans. La démocratie moderne est née dans les monastères de saint Benoît et dans les villes italiennes du Moyen Âge, elle n'est pas née chez les disciples du Coran ni chez les disciples de Confucius. Cela ne veut pas dire qu'on ne peut pas être démocrate sans être occidental ! Je ne suis pas essentialiste. Cela signifie que la démocratie n'est pas un outil qu'on peut emprunter à son voisin, mais une culture qui cache tout un monde. Ce dont on est en train de se rendre compte, après de nombreux déboires.

C'est par rapport à nous que les différentes cultures asiatiques paraissent homogènes : elles vivent, et prônent, des formes de holisme, bien différentes de notre individualisme. Elles n'ont pas connu la révolution moderne, et ne veulent pas la connaître. Elles n'ont pas connu cette révolution qui extrait – nous disons « qui libère » – les individus de leurs communautés, les rend indépendants de leurs hiérarchies et des autorités qui les contraignent. Les différentes cultures asiatiques ont tendance à penser que l'individu n'est rien sans ses communautés, qu'il ne se définit que par rapport à elles : avant d'être un individu autonome, je suis d'abord un père, un fils, un frère, un mari. En aucun cas je ne suis « indépendant », c'est-à-dire : dépendant de rien. Ces pensées et sagesses se fondent dans les anciennes traditions asiatiques et reposent sur une expérience millénaire des sociétés. À cet égard, toutes les sociétés se ressemblent, l'humanité étant partout semblable, et toutes les sociétés sont « holistes », c'est-à-dire qu'elles font passer le tout avant la partie, les communautés avant les individus, par simple réflexe de salubrité. Seuls les Occidentaux ont inventé l'individualisme, à partir de la saison révolutionnaire. Et l'individualisme n'a cessé de s'y développer et de s'y approfondir, suscitant les critiques des autres cultures – c'est dans cette situation que nous nous trouvons aujourd'hui : en butte aux autres cultures par l'excès de notre individualisme.

Revue des Deux Mondes – La notion prend sa source à la fin des années quatre-vingt dans le discours du dirigeant singapourien Lee Kuan Yew dont la pensée peut rappeler le personnalisme. Comment le définir ? N'est-ce pas une réactualisation du confucianisme qui fait passer la société avant tout ? En quoi confucianisme et personnalisme se différencient-ils du bouddhisme ?

Chantal Delsol La pensée de Lee Kuan Yew est très intéressante. Bien sûr elle est inspirée par Confucius, et s'y réfère. Ce qui importe, c'est qu'il s'agit d'une théorie : Lee Kuan Yew ne se contente pas de gouverner une société asiatique et, à ce titre, holiste, et de faire en sorte qu'elle le reste (au lieu de devenir individualiste à l'occidentale) : il la théorise, il explique pourquoi il ne veut pas d'individualisme à l'occidentale, et pourquoi il défend, et applique, une forme de holisme. Il montre l'importance des liens sociaux et comment il n'est pas de société sans liens : aussi rend-il leur pérennité obligatoire. Par exemple il impose à l'individu de s'occuper de ses vieux parents ou encore il le responsabilise devant les allocations diverses qu'il peut recevoir de l'État. Il n'admet pas qu'un individu puisse vivre d'une allocation sans chercher de travail, ou bien laisser tomber sa famille sans en payer le prix. Il va très loin, puisque, à la fin de sa vie (ce sont ses proches qui le racontent), il regrettait d'avoir ouvert les études supérieures aux filles, laissant ainsi un espace à l'éclatement des familles. En raison de cette défense raisonnée du lien social au détriment de l'individu, il me semble que Lee Kuan Yew s'approche du personnalisme occidental, celui par exemple qu'on peut trouver dans la Russie orthodoxe post-communiste, celle d'aujourd'hui. Le personnalisme occidental n'accepte pas l'individualisme moderne, et tisse la société autour des liens, qui ne sont pas toujours choisis (tandis que dans la société individualiste je ne suis responsable que par contrat signé de ma main, et encore tant que cela me convient). Mais naturellement la comparaison s'arrête là : il n'y a rien de personnaliste chez Lee Kuan Yew ni chez aucun Asiatique confucéen, puisque la notion de personne n'existe pas en Asie. La notion de personne est judéo-chrétienne, elle suppose l'idée de l'individu comme substance absolument singulière, comme image de Dieu et à ce titre comme sacré. Ce qui n'existe pas en Asie. Si les courants chrétiens occidentaux ne défendent pas l'individualisme mais le personnalisme, c'est qu'ils considèrent que la personne singulière ne peut grandir et s'épanouir qu'au sein de ses communautés : pour eux, aucune personne n'est une île. Or, dans un autre registre, confucéen, c'est-à-dire sans l'idée de la sacralité de la personne, c'est aussi ce que théorise Lee Kuan Yew. Il ne prône pas la responsabilité citoyenne pour respecter la personne, mais par pragmatisme : une société dans laquelle les individus sont responsabilisés fonctionne mieux.

Pour les vertus comparées du confucianisme et du bouddhisme, il faudrait de plus compétents que moi. Aussi, je me contenterai de citer le grand écrivain chinois Liang Shuming (1), qui s'emploie à une comparaison magistrale entre ce qu'il considère comme les trois grandes cultures mondiales – le judéo-christianisme, Confucius, le bouddhisme. Il dit que la culture occidentale est celle qui « va de l'avant », ce qui suscite la science, la démocratie, l'individualité. Que la Chine, avec la pensée de Confucius, cherche l'équilibre, l'ajustement, l'harmonie : elle aime la vie. Et l'Inde, avec le bouddhisme, cherche le renoncement : elle veut, dit-il, « se débarrasser de la vie » (interrompre le cycle des renaissances).

> **Revue des Deux Mondes** – Ces valeurs asiatiques ne sont-elles pas aussi le moyen pour certains gouvernements asiatiques de maintenir leur autocratie ? En dénonçant les libertés (liberté de la presse, droits de l'homme, séparation des pouvoirs...) comme des « valeurs occidentales » ?

Chantal Delsol C'est une affirmation que l'on trouve ici et là sous des plumes respectables. Mais je la crois fausse. Elle provient d'Occidentaux si persuadés de leur bon droit qu'ils ne peuvent imaginer un « bon droit » chez les autres – les valeurs asiatiques ne seraient que des prétextes pour la puissance. C'est du mépris. Je crois au contraire que quand Xi Jinping écrit le Document n° 9, il a la conviction que la presse libre engendre l'anarchie, que la liberté de conscience exténue la nation, que l'aveu des crimes historiques saperait le moral des sujets, etc. Je ne pense pas que seuls les Occidentaux ont des convictions, pendant que les autres cultures n'auraient que des intérêts ! Les autres cultures ont des convictions qui sont différentes des nôtres, voilà tout.

> **Revue des Deux Mondes** – Dans ces sociétés, l'être humain n'est pas « libre de toute attache » mais appartient à une famille, un groupe, une communauté. Il est enraciné. Certains conservateurs occidentaux ne disent-ils pas exactement la même chose lorsqu'ils critiquent l'ultra-individualisme du monde moderne ?

Chantal Delsol Oui, je me suis attachée à établir cette comparaison. On peut trouver des analogies importantes entre les courants conservateurs, qui récusent l'individualisme, et les défenseurs des valeurs asiatiques. Si on prend l'exemple des arguments en faveur de l'autocratie, en Chine et en Russie actuelles, on trouve des arguments identiques chez les monarchistes du XIXe siècle en France.

> **Revue des Deux Mondes** – En temps de crise, ces sociétés qui privilégient la cohésion du groupe sur l'individu sont-elles mieux armées ?

Chantal Delsol Naturellement, elles sont mieux armées en tant que sociétés et certainement beaucoup plus fortes face aux périls extérieurs, puisqu'elles peuvent compter, davantage que chez nous en tout cas, sur l'unité sociale et l'obéissance générale. Les sociétés hiérarchisées, dont la culture accorde valeur à l'autorité sous toutes ses formes, ont toutes chances de mieux se tenir, en cas de péril, que des sociétés dans lesquelles la voix de chacun compte ou, plus encore, dans lesquelles l'autorité est en général délégitimée. En ce sens, la liberté a un coût. Et pourtant, les sociétés despotiques sont fragiles d'une autre manière : un contrôle incessant et un écrasement de la liberté personnelle, qui est une donnée anthropologique, figent les vices et les corruptions à l'intérieur, et rendent ces sociétés pour ainsi dire hagardes. Les Grecs du Ve siècle faisaient remarquer que leur victoire inespérée sur l'énorme armée perse était une victoire de la liberté sur le despotisme. Et au XXe siècle, le monde libre a vaincu le communisme parce qu'il était un monde vivant, tandis que le communisme sous ses aspects terrifiants cachait un cadavre. Quand on lit *Imminent Fears, Immediate Hopes* de Xu Zhangrun (2), qui vient d'être arrêté, on peut imaginer cette société de contrôle qui n'est pas tout à fait vivante...

1. Liang Shuming, *Les Cultures d'Orient et d'Occident et leurs philosophies*, Presses universitaires de France, 2000.
2. Xu Zhangrun, *Imminent Fears, Immediate Hopes. A Beijing Jeremiad*, http://chinaheritage.net/journal/imminent-fears-immediate-hopes-a-beijing-jeremiad

TAÏWAN ET HONG KONG FACE À LA VOLONTÉ DE PUISSANCE DE LA CHINE

› **Jean-Pierre Cabestan**

Comment Taïwan et Hong Kong, ces confettis d'Empire, peuvent-ils résister face à la montée de la Chine qui en revendique la propriété ? On le sait, la situation des deux territoires est très différente. Annexé par les Mandchous au XVIIe siècle, colonisé par les Japonais pendant cinq décennies avant d'être intégré à la République de Chine (RDC) de Chiang Kaï-shek en 1945, Taïwan est séparé du continent depuis la fin de la guerre civile et l'arrivée au pouvoir de Mao Zedong quatre ans plus tard. Ayant conservé le même nom officiel (RDC), l'île, que l'on appelait autrefois Formose, s'est démocratisée à compter de la fin des années quatre-vingt. Désormais maître de son destin, Taïwan (24 millions d'habitants) reste protégé par les États-Unis en dépit de la normalisation entre Washington et Pékin en 1979 et de sa proximité géographique du continent (150 km). Seule une guerre pourrait contraindre la RDC à se fondre dans la

République populaire de Chine (RPC), selon la formule « un pays, deux systèmes », imaginée par Deng Xiaoping et encore proposée aujourd'hui par Xi Jinping, le chef du Parti communiste chinois.

Hong Kong (7,4 millions d'habitants), c'est une autre affaire. Colonie britannique jusqu'en 1997, elle est alors revenue dans le giron de la République populaire. Si la formule « un pays, deux systèmes » y a bien été appliquée à travers la mise en place d'une « région administrative spéciale » (RAS) jouissant d'un « haut degré d'autonomie », le PC chinois y est chez lui. C'est lui le patron, et cela même avant la promulgation de la loi de sécurité nationale introduite le 30 juin 2020, en pleine crise de la Covid-19, dans le but de faire taire les opposants, c'est-à-dire non seulement la poignée d'activistes qui rêvent d'une indépendance de Hong Kong mais tous ceux qui militent, souvent dans la rue comme en 2019, pour une complète démocratisation des institutions du territoire (1).

Jean-Pierre Cabestan est professeur à l'université baptiste de Hong Kong, chercheur associé à l'Asia Centre à Paris. Dernier ouvrage publié : *Demain la Chine : démocratie ou dictature ?* (Gallimard, 2018).
› cabestan@hkbu.edu.hk

Pour autant, ce qui unit les sociétés taïwanaise et hongkongaise, c'est une large adhésion aux valeurs démocratiques, valeurs dont précisément Xi Jinping cherche à combattre l'influence, à ses yeux pernicieuse, non seulement sur le continent chinois mais aussi à travers le monde.

À première vue, ces deux territoires n'ont aucune chance face au rouleau compresseur que représente à présent la puissance économique et militaire chinoise, ni le premier menacé un peu plus chaque jour par l'Armée populaire de libération (APL), et encore moins le second mis au pas comme on le sait il y a peu.

En même temps, l'environnement international qui se dessine – la nouvelle guerre froide sino-américaine en particulier – complique les ambitions de Pékin : à Taipei, le soutien de Washington, mais aussi de Tokyo et plus récemment de Bruxelles, s'est renforcé ; et à Hong Kong, en dépit des nouvelles restrictions, la majorité de la population reste favorable aux forces pan-démocrates, constituant un pôle de résistance durable à toute emprise trop forte du Parti communiste chinois sur le territoire.

Taïwan : une noix dure à craquer

J'avais écrit il y a maintenant vingt-cinq ans un petit ouvrage intitulé « Chine-Taïwan : l'impossible réunification » (2). Présenté dans la vitrine d'entrée de l'Institut français des relations internationales à Paris, ce titre interpelait et agaçait toutes les délégations chinoises invitées dans les lieux. Pourtant, il n'était pas besoin d'être devin pour prévoir que la bifurcation politique fondamentale qu'avait opérée Taïwan à compter de la fin des années quatre-vingt – sa démocratisation – allait éloigner l'île du continent. Et cela en dépit des pourparlers officieux que les deux États qui ne pouvaient se reconnaître entamèrent à compter de 1992. En effet, alors au pouvoir, le Kuomintang (KMT) partageait avec le Parti communiste chinois le principe de la « Chine unique » mais entendait en conserver sa propre définition (la RDC), tandis que ce dernier préférait ne pas la définir, estimant que Taïwan faisait partie de la RPC depuis la disparition, de son point de vue, de la RDC en 1949.

Le Kuomintang et le camp « bleu » continuent d'adhérer à ce qui est devenu il y a vingt ans le « consensus de 92 » et dont l'acceptation constitue pour Pékin la condition de tout dialogue avec Taïwan. Mais le problème est que le camp « vert » et le Parti démocrate progressiste (PDP) au pouvoir de 2000 à 2008 (présidence de Chen Shui-bian) et à nouveau depuis 2016 (Mme Tsai Ing-wen) n'ont jamais reconnu ce qui constitue en réalité plus un compromis bâtard qu'un consensus sans faille. En effet, le PDP estime que Taïwan est un pays souverain et indépendant qui a pour nom officiel la République de Chine et dont les frontières sont celles des territoires actuellement sous sa juridiction : l'île de Taïwan, Penghu (les îles Pescadores), Kinmen (Jinmen), Matsu (Mazu) et quelques autres îlots en mer de Chine méridionale.

En outre, aujourd'hui une grande majorité des Taïwanais ne s'identifient plus à la Chine (moins de 3 %) mais à l'île sur laquelle ils sont nés et vivent (67 %), tandis que certains conservent encore une double identité, taïwanaise et chinoise (28 %) (3). Et alors que la majorité des Taïwanais reste en faveur du *statu quo* (52 %) quitte à décider plus tard (29 %), un nombre croissant d'entre eux souhaite que ce *statu quo* évolue plutôt vers l'indépendance (35 %) que l'unification (6 %) avec la République populaire de Chine (4). Autant d'évolutions qui contribuent à remettre en cause la pertinence du « consensus de 92 ». Si la majorité des électeurs « bleus » continue d'estimer qu'un tel consensus existe, ce qui explique la difficulté pour le Kuomintang de s'en éloigner, seulement 34 % des Taïwanais pensent de même tandis que 56 % d'entre eux croient le contraire (5). En outre, les trois quarts des habitants de l'île dénoncent l'interprétation que fait Pékin de ce consensus et, plus important, près de 90 % d'entre eux estiment que l'avenir des relations entre les deux rives du détroit doit être décidé par les Taïwanais eux-mêmes (6).

Quoi qu'il en soit, la grande majorité des Taïwanais a toujours été opposée à la formule proposée par Deng Xiaoping dès le début des années quatre-vingt, « un pays, deux systèmes », mais cette opposition s'est consolidée depuis, rassemblant 89 % d'entre eux en 2020, contre 81 % un an auparavant (7). Et même deux électeurs du KMT sur trois rejettent cette idée. L'introduction de la loi de sécurité nationale à Hong Kong en juillet 2020 n'a donc fait que consolider un peu plus une hostilité bien compréhensible tant l'acception de cette formule reviendrait à mettre fin à l'existence de la RDC et donc à la souveraineté et à l'indépendance de fait de Taïwan.

Pékin est parfaitement conscient de cette évolution. En même temps, depuis le 19ᵉ congrès du PC chinois, le président Xi Jinping a directement lié la « renaissance de la nation chinoise » à la réintégration de Taïwan dans le giron national. Sans donner de date limite inscrite dans le marbre, Xi estime que l'achèvement de cette renaissance coïncidera avec le centième anniversaire de la République populaire en 2049.

Cette contradiction évidente entre les souhaits des Taïwanais et ceux du gouvernement chinois a conduit un nombre croissant de voix sur le continent à reconsidérer la stratégie de réunification pacifique proposée par Deng Xiaoping en 1979. Certains militaires à la retraite et propagandistes nationalistes pensent que seule l'application de la loi anti-sécession de 2005 – qui prévoit le recours à des moyens « non pacifiques » en cas de procrastination taïwanaise –, bref une prise de contrôle de Taïwan par la force, peut régler ce que Pékin appelle « la question de Taïwan ».

Certaines simulations récentes faites par des experts proches du Pentagone ont encouragé ces « va-t-en guerre ». En effet, ces études laissent apparaître qu'en cas de conflit armé sino-américain autour de Taïwan, les États-Unis souffriraient de très lourds dommages et finalement perdraient la partie.

Mais le PC chinois veut-il vraiment déclencher la Troisième Guerre mondiale ? Car tout franchissement du seuil de la guerre par l'Armée populaire de libération, qu'il soit causé par un blocus armé, des tirs massifs de missiles ou un débarquement en bonne et due forme sur l'île, aurait dans les circonstances actuelles et sans doute dans un avenir prévisible une très haute probabilité de provoquer une réaction militaire des Américains quel qu'en soit le prix. Il en va de la crédibilité de ces derniers auprès de leurs alliés en Asie-Pacifique ; il en va aussi du rôle stratégique que joue Taïwan comme obstacle géographique aux ambitions régionales de la Chine ; il en va par ailleurs du Japon dont la sécurité est étroitement dépendante – à travers l'archipel des Ryukyu – du non-contrôle par la République populaire de son ancienne colonie.

Pékin a évidemment fait monter les enchères. Dotée de missiles hypersoniques (DF-17) ou balistiques à plus longue portée (DF-26), l'APL est désormais capable de menacer les porte-avions de la VIIe Flotte – même si ceux-ci sont maintenus à distance –, les bases américaines au Japon, en Corée du Sud et même à Guam.

Mais à mon sens, pas plus que ses prédécesseurs, Xi Jinping n'entend se lancer dans une aventure aussi grosse de risques incalculables, sur les plans militaire – l'Armée populaire de libération n'a pas combattu depuis 1979 –, stratégique – la nucléarisation du conflit – et diplomatique – les réactions internationales, et cela quels que soient les engagements diplomatiques pris par tout pays qui a normalisé avec la République populaire (l'appartenance de Taïwan à celle-ci le plus souvent).

Pour ces raisons, la stratégie de Pékin penche plutôt pour le maintien d'une puissante politique dite de « front uni », destinée à gagner autant que faire se peut les élites et la société taïwanaises à sa cause, associée à une multiplication des gesticulations et des intimidations armées, pour tenter d'atteindre le moral des unes et de l'autre.

Cette inclination à l'utilisation des « zones grises », déjà observée en mer de Chine méridionale et autour des Senkaku (Diaoyu), présente des risques évidents d'incidents armés. En effet, depuis 2019, l'APL pénètre plus fréquemment dans l'espace aérien et maritime taïwanais, comme s'il cherchait à pousser les militaires de l'île à commettre l'erreur de tirer les premiers. Elle vise aussi, à travers une véritable guerre d'usure psychologique, à progressivement modifier le statu quo et affaiblir l'esprit de défense des Taïwanais (8).

Pékin peut-il arriver à ses fins ? La première conséquence de ce nouveau harcèlement a été un accroissement de la présence militaire américaine autour de Taïwan et même sur l'île. La deuxième a été la décision de l'administration Trump d'autoriser un plus grand nombre de ventes d'armes au gouvernement PDP (13 milliards de dollars depuis 2017 et 7 milliards prévus pour les mois qui viennent). La troisième a été une augmentation du budget taïwanais de la défense et l'accélération de la mise en place d'une stratégie de dissuasion conventionnelle contre toute attaque chinoise.

Il est clair que tout gouvernement taïwanais doit faire preuve de prudence. Très dépendante sur le plan économique du continent qui reste aujourd'hui son premier partenaire commercial, l'île ne peut envisager un découplage avec celui-ci. Certes, le gouvernement de Mme Tsai s'efforce de réduire cette dépendance en développant des relations plus étroites avec le reste de l'Asie. Et sous la pression des États-Unis et des sanctions prises par ceux-ci contre Huawei, certaines industries taïwanaises de pointe sont contraintes de faire des choix, souvent difficiles. Ainsi en 2020, TSMC a décidé de construire une usine de puces électroniques de 12 milliards de dollars en Arizona. Mais ces évolutions récentes se heurtent à d'évidentes limites.

Cependant, dans ce nouveau contexte de tensions, les Taïwanais ne semblent pas disposés à renoncer à leur indépendance de fait ni à leur démocratie. Bien qu'ils continuent de croire que toute guerre ouverte avec la Chine reste improbable, la plupart d'entre eux se déclarent prêts à se battre et pensent que les États-Unis viendront à leur secours en cas de guerre (9). Enfin, par-delà les divisions qui traversent la société insulaire, il y a un fort consensus entre les « verts » et les « bleus » sur la nécessité de préserver la souveraineté de la RDC et donc renforcer l'effort de défense. Difficile dans ces circonstances pour le PC chinois de rallier à sa cause même la majorité du Kuomintang. En outre, celui-ci sait parfaitement que toute proximité trop marquée avec Pékin réduit directement ses chances de revenir au pouvoir, par exemple en 2024.

En conséquence, la démocratie taïwanaise n'est pas menacée. Au contraire, en dépit du renfort de censure imposé par Xi Jinping, elle séduit un nombre croissant de Chinois du continent qui voient dans cette expérience politique le mariage réussi entre les idées des Lumières et la pensée confucéenne. Pour les mêmes raisons, elle séduit aussi de plus en plus de Hongkongais qui y trouvent un espace de liberté et un havre de paix propre à les protéger contre les nouvelles ambitions de Xi Jinping.

Hong Kong : une capacité de résistance durable

D'une certaine manière, Pékin aimerait bien que, à la faveur de l'entrée en vigueur de la loi de sécurité nationale, tous les activistes hongkongais en délicatesse avec la justice s'expatrient, à Taïwan ou ailleurs. Et quelques-uns l'ont fait (ou tenté de le faire), comme ce libraire indépendant pourchassé par la police politique de Xi, à présent à Taipei, l'activiste Nathan Law, aujourd'hui à Londres, ou ces douze jeunes arrêtés par les garde-côtes chinois alors qu'ils fuyaient vers Kaohsiung. Inquiets pour leurs libertés ou des tensions accrues que cette nouvelle loi a provoquées, un certain nombre de Hongkongais cherchent à quitter le territoire, pas tant pour profiter des facilités de visa offertes un peu tardivement par le gouvernement britannique que pour se réinstaller en Australie, au Canada ou aux États-Unis.

Mais, faute de moyens financiers ou de parents à l'étranger, la majorité des habitants du territoire n'a d'autre choix que de rester et de s'adapter aux nouvelles restrictions imposées par la loi. Celles-ci se sont vite manifestées. En dépit du caractère officiellement non rétroactif de la loi, dès le mois de juillet, les arrestations des organisateurs du mouvement des parapluies de 2014, des grandes manifestations de protestation de 2019 contre la loi d'extradition vers le continent et même de la soirée de 2020 commémorative du massacre du 4 juin 1989 se sont multipliées. Plus spectaculaire encore, en août, Jimmy Lai, le propriétaire du *Pingguo Ribao* (*Apple Daily News*), un quotidien très critique à l'égard du régime communiste, était appréhendé par 200 policiers à son domicile. Parallèlement, les premières affaires judiciaires relevant d'une application de la nouvelle loi étaient instruites avant d'être jugées par des tribunaux dont les membres sont désormais nommés de manière quasi discrétionnaire par Carrie Lam, la cheffe de l'exécutif. En outre, l'installation à Hong Kong au début juillet de quelque 300 agents de la sécurité chinoise a été durement ressentie dans les milieux libéraux, constituant une nouvelle épée de Damoclès suspendue au-dessus de tout Hongkongais qui ne pense pas comme le souhaiterait Pékin et prend le risque de le faire savoir.

En fait, c'est la loi de sécurité elle-même qui a été volontairement conçue par le pouvoir chinois comme une épée de Damoclès. Et son effet dissuasif s'est rapidement fait sentir. Bien sûr, prohibant tout rassemblement sur la voie publique et retardant d'au moins un an les élections législatives du 6 septembre 2020, la crise sanitaire, ou plutôt sa manipulation par le gouvernement hongkongais, a contribué à réduire toute contestation. Mais depuis juillet, le nombre de Hongkongais qui osent défier le pouvoir et manifester est réduit. Les arrestations (370 le 1er juillet, 300 le 6 septembre) sont nombreuses, convainquant beaucoup de jeunes d'en rester à l'écart. Les poursuites légales à répétition lancées par des procureurs aux ordres et zélés incitent beaucoup de Hongkongais à éviter toute prise de risque. Et au début août, l'expulsion de l'université de Hong Kong de l'un des organisateurs du mouvement des parapluies, Benny Tai, a renforcé le niveau de prudence et l'autocensure politique observés dans les milieux académiques du territoire.

Toutefois, l'on est tenté d'appliquer à la situation hongkongaise la célèbre phrase de Bertolt Brecht à propos de l'Allemagne de l'Est en 1953 : « *[il serait]* plus simple alors pour le gouvernement de dissoudre le peuple et d'en élire un autre. » Le PC chinois va s'y employer, de divers moyens, en intimidant les activistes et les convainquant de partir, en favorisant l'immigration de davantage de continentaux mais surtout en distribuant un plus grand nombre d'avantages sociaux à ce que l'on appelait dans l'Angleterre victorienne les « classes dangereuses ». En effet, pour Pékin, les troubles de 2019 ont été provoqués par des forces politiques étrangères mais ont aussi été le résultat d'une accumulation de frustrations économiques et sociales au sein des couches défavorisées de la population (manque de logements sociaux, coût prohibitif de l'immobilier accru par l'afflux de riches continentaux qui en outre prennent les meilleurs emplois, etc.).

Ces mesures seront-elles suffisantes pour « changer le peuple » ? J'en doute. Les idées libérales de la plupart des Hongkongais ont peu de chances de laisser place à l'idéologie de Xi Jinping. La société du territoire reste marquée par l'empreinte de la mentalité de réfugiés des nombreux Hongkongais ayant fui le communisme en 1949 ou plus tard. Attachés à l'État de droit et à l'indépendance des tribunaux, une majorité d'entre eux, contrairement à Carrie Lam et aux politiciens pro-Pékin, croient à la vertu de la séparation des pouvoirs. Et surtout, la société hongkongaise est en train de s'adapter à la nouvelle « normalité » imposée par Pékin, une normalité qui n'est pas sans rencontrer de multiples obstacles.

En effet, grâce aux garanties de la Common Law, la plupart des activistes arrêtés ont été relâchés sous caution. Peu d'entre eux feront de la prison ferme. Si le sort de Jimmy Lai n'est pas encore décidé, son journal continue de paraître et a connu un regain de succès depuis août 2020. Si toute organisation ou propos indépendantiste est maintenant banni, les partis d'opposition qui appellent à une véritable démocratisation du territoire vont poursuivre leur combat. Et, riche en organisations non gouvernementales, mouvements associatifs et organisations religieuses, la société civile hongkongaise restera une source de contestation – voire un contre-pouvoir – avec laquelle le Parti communiste chinois devra compter.

Évidemment, il en est fini du « haut degré d'autonomie » promis dans la déclaration sino-britannique de 1984. Le véritable gouvernement de Hong Kong n'est plus celui de Carrie Lam mais le Bureau de liaison du gouvernement central. Pékin espère à terme pouvoir marginaliser le camp pan-démocrate et « singapouriser » et même « poutiniser » la vie politique de la région administrative spéciale. Cependant, pour des raisons d'abord économiques et financières – le rôle de la Bourse de Hong Kong dans le développement de la Chine – mais aussi politiques, le PC chinois ne veut ni ne peut mettre fin à la formule « un pays, deux systèmes ». En dépit des restrictions imposées par la nouvelle loi, le territoire restera plus libre que le continent, non seulement en termes de circulation des capitaux mais aussi de libertés publiques et d'indépendance de la justice, une justice aux ordres pour les questions politiques et de sécurité mais qui doit rester crédible aux yeux des acteurs économiques.

En d'autres termes, Hong Kong continuera d'abriter un pôle de résistance au régime politique chinois.

Aujourd'hui, la Chine populaire n'a jamais été plus puissante mais elle n'a jamais été plus contestée, non seulement en Occident et dans l'Asie démocratique mais aussi à l'intérieur des frontières qu'elle revendique. Elle considère le virus démocratique encore vivace à Hong Kong et à Taïwan comme le ferment d'une base de subversion propre à déstabiliser son régime politique. Qu'elle se rassure : le jeu est par trop asymétrique pour la menacer. Mais sa paranoïa est révélatrice de son manque de confiance en l'avenir, un avenir qui pourrait être moins radieux pour le Parti communiste chinois si un jour, bravant leur peur et leur dépendance à l'égard du pouvoir, les élites libérales du pays s'inspirent de leurs cousins taïwanais et hongkongais. Un nouveau rêve chinois ? peut-être ; en tout cas un cauchemar pour Xi Jinping et sans doute ses successeurs.

1. Jean-Pierre Cabestan et Laurence Daziano, *Hong Kong : la seconde rétrocession*, Fondation pour l'innovation politique, juillet 2020, http://www.fondapol.org/etude/hongkong-la-seconde-retrocession
2. Jean-Pierre Cabestan, *Chine-Taïwan : l'impossible réunification*, Ifri-Dunod, 1995.
3. Election Study Center, National Chengchi University, Taiwanese/Chinese Identity (1992/06-2020/06), 3 juillet 2020, https://esc.nccu.edu.tw/course/news.php?Sn=166
4. Election Study Center, National Chengchi University, Taïwan Independence vs. Unification with the Mainland (1992/06-2020/06), 3 juillet 2020, https://esc.nccu.edu.tw/course/news.php?Sn=167#
5. *Taipei Times*, 10 janvier 2019, https://www.taipeitimes.com/News/front/archives/2019/01/10/2003707656
6. *Taïwan Focus*, 17 janvier 2019, https://focustaiwan.tw/cross-strait/201901170026
7. Mainland Affairs Council, 6 août 2020, https://www.mac.gov.tw/News_Content.aspx?n=2BA0753CBE348412&sms=E828F60C4AFBAF90&s=B7E13A0DE0617343
8. Mathieu Duchâtel, « Anticipating China's Military Coercion of Taïwan », Blog, Institut Montaigne, 15 septembre 2020, https://www.institutmontaigne.org/en/blog/anticipating-chinas-military-coercion-taiwan
9. Chinese Association of Public Opinion Research (Capor), basée à Taipei, rapport d'une enquête effectuée en août 2020, https://drive.google.com/file/d/19qgKiF3Mrj5yK1PCliqxLr6Fkuog11wb/view ; cf. aussi *Lianhebao* (*United Daily News*), 20 août 2020, https://udn.com/news/story/6656/4796027

LA CRISE COVID-19 : NOTRE MEILLEURE CHANCE POUR RECONSTRUIRE UNE INDÉPENDANCE SANITAIRE

› Yves L'Épine

Les Français et les Européens ont découvert avec le SRAS-CoV-2 que nos médicaments proviennent le plus souvent d'Asie, et de Chine en particulier. L'idée que leur santé puisse être entre les mains de ces pays leur semble inacceptable. La crise que nous vivons, soudaine et majeure, va-t-elle devenir notre meilleure chance pour reconstruire notre indépendance sanitaire ? Après tout, le mot « crise » s'écrit en chinois avec deux idéogrammes, l'un signifiant dangers, l'autre opportunités. Et si, cette fois, la France et l'Europe, tout en affrontant les premiers, mettaient en place un plan pour saisir les secondes. Cette question en soulève beaucoup d'autres…

La Chine est devenue la plus grande usine de médicaments au monde

En vingt ans, l'Europe a délaissé 80 % de la fabrication de ses médicaments. Ou plutôt 80 % de leurs principes actifs, appelés API (*active pharmaceutical ingredients*), qui correspondent à la molécule produisant l'effet recherché. Depuis, les cas de rupture se multiplient, l'Agence nationale de sécurité du médicament et des produits de santé (ANSM) en a dénombré plus de mille l'an dernier. Comment en sommes-nous arrivés là ?

Selon l'OCDE, la France occupait en 2000 la troisième place sur le podium européen des exportations pharmaceutiques. En 2020, elle a glissé au sixième rang. La France ne peut plus se rêver en Goliath aux côtés des géants, elle doit se réveiller en David, prête à combattre. Pendant que nos exportations ont progressé de 17 milliards, celles du leader, l'Allemagne, ont bondi de 60 milliards. Un double écart s'est produit : l'Allemagne a mieux conservé ses sites de chimie fine produisant les API, elle s'est aussi plus spécialisée sur les productions récentes de médicaments biologiques.

Yves L'Épine est docteur en médecine, directeur général du groupe Guerbet.

Les raisons de notre dépendance sur les API sont à la fois économiques et industrielles. Tant qu'un médicament est protégé par un brevet, la concurrence est limitée, son prix reste relativement stable. En revanche, le jour de l'expiration du brevet, la chute rapide des prix et des marges crée une incitation puissante à délocaliser la production vers les pays à bas coûts. Les contraintes liées au respect des normes environnementales ont accéléré ces transferts vers les pays moins exigeants. Certaines spécificités françaises comme les impôts sur la production ou les charges sociales élevées ont amplifié ces écarts de coûts. La Chine a vite compris cette opportunité, elle est devenue la principale usine d'API au monde et a bouleversé notre chaîne d'approvisionnement.

Dans une économie mondialisée, le modèle des *big pharma* est double : centrer leur innovation médicamenteuse sur les maladies mal traitées, exprimer le maximum d'économies sur leurs médicaments hors brevet soumis à une forte pression sur les prix. La recherche de l'efficience maximale sur les produits anciens a affaibli la résilience de nos sociétés en induisant des déplacements entiers d'activité.

Notre dépendance concerne-t-elle tous les médicaments ?

En production, on distingue deux types de médicaments ; ceux issus de la chimie fine et ceux issus de cultures d'organismes vivants.

Un médicament issu de la chimie fine se fabrique en deux étapes : d'abord la synthèse de l'API (site chimique), puis sa formulation (site pharmaceutique) pour l'administrer sous la forme appropriée (comprimé, spray, solution, etc.). Un tissu dynamique d'entreprises de formulation se répartit sur notre sol, mais trop de sites d'API l'ont déserté.

En bioproduction, la France dispose de sites importants comme pour les vaccins, insulines ou produits dérivés du sang. Mais elle a moins attiré les investissements que nos voisins européens sur les produits récents (anticorps monoclonaux, thérapie génique ou cellulaire par exemple).

Nous sommes donc devenus dépendants des pays à bas coûts et en particulier de la Chine pour les API hors brevet et dépendant des pays les plus innovants (États-Unis, Suisse ou Allemagne) pour les produits biologiques récents. La situation est comparable pour les dispositifs médicaux (DM) : d'un côté les produits sans brevet, comme les masques médicaux, de l'autre les DM sophistiqués tels les robots chirurgicaux ou les bioprothèses artificielles.

Ici, les produits anciens, indispensables au plus grand nombre, à forte concurrence (les « chics et pas chers »). Là, les produits nouveaux, aussi indispensables mais pour un plus petit nombre (les « rares et très chers »). Pour héberger la production des premiers, nous avons besoin d'un choc de compétitivité, pour abriter celle des seconds, nous devons améliorer notre attractivité.

Le médicament, une nouvelle arme géopolitique ?

Quels sont les risques des délocalisations pour nos sociétés ? Les risques classiques sont bien connus : hausse du chômage, impact sur la vitalité des territoires, perte de savoir-faire, baisse des taxes collectées, chute de l'exportation, aggravation de la balance commerciale, sans oublier les drames humains derrière chaque famille touchée par une perte d'emploi.

Mais les principaux risques sont ailleurs. En ne contrôlant plus nos circuits d'approvisionnement, nous sommes à la merci du moindre incident. Chaque défaut de qualité peut provoquer une rupture, comme celle du valsartan, un antihypertenseur majeur devenu introuvable en 2018.

Le risque le plus fort est géopolitique. Une frontière ouverte aujourd'hui peut se fermer demain du fait de tensions commerciales, d'une crise climatique ou d'une grave pandémie. Nos patients pourraient alors manquer de traitements essentiels pour leur survie (antibiotiques injectables, anticancéreux, médicaments d'urgence et de réanimation, etc.). Ces médicaments devraient être un bien inaliénable, et la seule perspective qu'ils puissent manquer demain ou être utilisés comme une arme de négociation entre les nations n'est pas acceptable.

L'Europe refuse la cyber-domination des grandes puissances américaine ou chinoise, elle ne doit pas accepter que la santé de ses concitoyens puisse être prise en otage. Elle doit donc mettre en œuvre sans attendre les conditions d'une relocalisation qui nous apportera, au-delà de notre indépendance sanitaire, des atouts économiques et sociaux considérables : investissements, développement des territoires, nombreux emplois qualifiés, amélioration des exportations et de la balance commerciale.

Une relocalisation intelligente est possible

Avant de relocaliser, il faut stopper l'hémorragie et sauver les 20 % de nos API encore fabriqués en France et en Europe. C'est le cas par exemple des corticoïdes, de certains antibiotiques, mais aussi de traitements utilisés en situation d'urgence diagnostique ou thérapeutique. Pour ces médicaments et pour leurs API, il faut trouver un modèle économique nouveau et arrêter les baisses de prix itératives jusqu'au point de non-rentabilité qui provoque la fermeture de nos sites.

Chassons l'illusion naïve de relocaliser tous les API. Il faut sélectionner ceux cumulant plusieurs critères : multiples ruptures dans un passé récent, intérêt thérapeutique vital ou majeur mais sans alternative, capacité à produire ces API tout en respectant les contraintes environnementales. Car souvent ces synthèses polluent et nos territoires n'en veulent plus. Lorsqu'on ne pourra relocaliser un API essentiel, il faudra trouver un *double sourcing* et accepter d'accumuler un stock de sécurité suffisant. Sans oublier d'en confier la bonne rotation à des professionnels compétents pour éviter un scandale comme celui du milliard de masques devenus introuvables au moment critique.

L'innovation apportée par la chimie en flux continu peut nous permettre d'accélérer le retour de certains API. En chimie classique, les réactions entre substances se font dans des cuves, les API sont fabriqués par lots. En chimie continue, les substances circulent à travers des tubes ou microréacteurs, les API sont fabriqués en flux. Cette voie est une belle opportunité : elle est plus écologique, consomme moins de solvants, relargue moins de déchets, et produit des API de meilleure qualité avec une meilleure sécurité.

Pour réussir ces relocalisations, on dispose en France d'un tissu d'entreprises compétentes dans la synthèse des API. On y trouve les grands de la pharma, comme Sanofi ou Servier, mais aussi les entreprises de taille intermédiaire spécialisées, comme Sequens, Novasep ou Minafin, qui sont souvent sous-traitants de grands groupes français ou étrangers. Le durcissement des normes de qualité pharmaceutique et la priorité donnée à la fiabilité de l'approvisionnement leur ouvrent un champ d'opportunités.

Compte tenu des investissements à réaliser pour chaque projet de relocalisation, aucun pays ne pourra s'offrir une souveraineté nationale sur la production des API. L'indépendance sanitaire à reconstruire est celle de l'Europe et pas celle des nations. Ce qui n'empêche pas d'armer notre pays pour qu'il ait un rôle moteur dans ce projet : Sanofi a d'ailleurs annoncé début 2020 un projet ambitieux de *spin-off* d'une grande partie de son activité industrielle pour créer en France un champion mondial des API.

La réussite de cette réindustrialisation demandera aussi de notre persévérance : on a perdu notre indépendance en deux décennies, il nous faudra presque autant de temps pour la reconstruire. Les mesures à prendre pour le double choc de compétitivité et attractivité seront aussi bien transectorielles, comme la baisse des impôts de production ou de charges sociales sur l'emploi productif, que spécifiques au domaine de la santé. Ce devrait être l'objectif prioritaire des structures dont la France s'est dotée, citons au minimum le Conseil stratégique pour les industries de santé (CSIS), pour piloter l'avenir de ce secteur. Sans perdre de vue que, malgré tous nos efforts, il restera un écart de coûts de production entre l'Europe et la Chine : ce surcoût sera le prix du « made in Europe », le prix de notre indépendance sanitaire.

Le cas du paracétamol ouvre la voie

Le paracétamol est l'API d'antalgiques et d'antipyrétiques très utilisés, comme le Doliprane, Dafalgan ou Efferalgan fabriqués en France. Ses ventes s'envolent dès le début de la crise Covid au point qu'un risque de pénurie se profile et l'ANSM décide d'en limiter les ventes à une seule boîte par personne. On réalise aussi que, depuis la fermeture du site chimique de Rhodia, la France importe le paracétamol et n'a conservé que les sites de formulation. Un plan ambitieux de relocalisation de cet API est désormais à l'étude pour retrouver une autonomie complète, de l'amont à l'aval.

Ce premier cas, très symbolique de la relocalisation des API en France, n'aura de valeur que s'il est suivi par d'autres. Surtout s'ils portent sur des médicaments de maladies plus critiques. Car le paracétamol, s'il est utile en première ligne contre les fièvres et les douleurs modérées, ne guérit pas ou ne sauve pas de vie (excepté peut-être dans sa rare utilisation pour hyperthermie maligne du nourrisson). Puisque chaque relocalisation sera compliquée, autant se focaliser sur les médicaments qui ont un intérêt thérapeutique essentiel et sans alternative simple.

La crise Covid aura ainsi été le révélateur de notre dépendance sanitaire que nous avons laissée s'installer au rythme de la désindustrialisation rampante du pays. Elle nous montre les déséquilibres du monde et les excès d'un capitalisme trop naïf. La mondialisation doit se poursuivre car chaque repli d'une société sur elle-même entraîne *in fine* recul économique et désordres sociaux, mais son modèle doit être revu. Cette crise peut devenir un accélérateur du changement souhaité : fin du tout-efficience, place à un couple efficience-résilience. Pour les secteurs stratégiques comme la santé, l'agroalimentaire, la défense ou le digital, la résilience doit même devenir la priorité.

COMMENT RÉÉQUILIBRER LES RELATIONS ÉCONOMIQUES AVEC LA CHINE ?

› **Annick Steta**

En janvier 2019, la Fédération de l'industrie allemande (*Bundesverband der deutschen Industrie*) publia une note consacrée aux conséquences de l'évolution du modèle capitaliste chinois sur les économies européennes (1). Dans ce texte au ton tranchant, qui suscita un vif débat en Allemagne mais fut largement ignoré en France, elle décrivait l'émergence d'une économie de plus en plus largement contrôlée par l'État et de plus en plus éloignée des standards de l'économie de marché. Aux yeux des représentants de l'industrie allemande, les distorsions de concurrence créées par le soutien massif des pouvoirs publics chinois aux entreprises nationales sont devenues insoutenables pour les pays tiers. C'est pourquoi ils ont appelé les dirigeants européens à prendre des mesures destinées à rééquilibrer les relations économiques avec la Chine, qualifiée de « rival systémique » (*systemic competitor*).

L'exacerbation des tensions entre les États-Unis et la Chine a joué un rôle important dans la prise de conscience que révèle cette note. L'Union européenne est prise dans le ressac de la guerre commerciale que se livrent les deux premières puissances économiques mondiales depuis 2018. Lorsque les États-Unis et la Chine mettent en œuvre des mesures de restriction aux échanges internationaux, celles-ci exercent des effets directs et indirects sur le marché européen. La querelle entre Washington et Pékin s'est par ailleurs traduite par une déstabilisation de l'Organisation mondiale du commerce (OMC), l'enceinte au sein de laquelle les gouvernements négocient des accords commerciaux multilatéraux. Le président Trump considère en effet que la Chine bénéficie indûment des dispositions prévues par l'OMC en faveur des pays en voie de développement (2), ce qui crée une distorsion de concurrence préjudiciable aux pays tiers – dont les États-Unis (3). Sa riposte a consisté à paralyser le fonctionnement de l'Organe d'appel de l'OMC. Composé de sept personnes, cet organe permanent connaît des appels concernant les rapports remis par des groupes spéciaux dans le cadre de différends soumis par des membres de l'OMC. Depuis l'entrée de Donald Trump à la Maison-Blanche, Washington a bloqué le renouvellement des arbitres dont le mandat arrivait à échéance. Il n'y a plus actuellement qu'un seul arbitre en fonction. Or toute décision de l'Organe d'appel doit être prise par trois arbitres de nationalités différentes. En signant en 1994 les accords de Marrakech, qui donnèrent naissance à l'OMC, les États-Unis avaient accepté de soumettre leurs litiges commerciaux à un processus juridictionnel dont l'Organe d'appel est un élément clé. Bien que les décisions rendues leur soient régulièrement favorables, ils considèrent de longue date que les groupes spéciaux et l'Organe d'appel ne tiennent pas suffisamment compte de leurs intérêts. Mais avant l'élection de Donald Trump, aucune administration américaine, si critique soit-elle à l'égard de l'OMC, n'avait osé bloquer le fonctionnement de l'Organe d'appel de façon à pouvoir livrer une guerre commerciale sans courir le risque de se faire taper sur les doigts. Cette offensive a fini par lasser jusqu'au directeur général de l'OMC : le Brésilien Roberto Azevêdo a annoncé en mai 2020 qu'il quitterait son poste fin août, un an avant l'expiration de son second mandat. Il est peu vraisemblable que la procédure de nomination de son successeur aboutisse avant l'élection présidentielle américaine du 3 novembre :

> Annick Steta est docteur en sciences économiques.
> › asteta@hotmail.fr

le directeur général de l'OMC est en effet choisi par consensus. Alors que le ralentissement des échanges internationaux provoqué par la crise sanitaire pèse sur la croissance mondiale, les États-Unis ont pris l'OMC en otage, au risque de laisser les relations commerciales internationales dériver vers l'anarchie. En l'absence d'un arbitre légitime, les nations les plus puissantes n'hésiteront guère à prendre des mesures de représailles à l'encontre des pays qui, selon elles, menaceront leurs intérêts. Une telle escalade compromettrait durablement la reprise de la croissance économique.

Dans cet univers de plus en plus incertain, l'Union européenne semble avoir compris la nécessité d'unir les forces de ses membres de façon à desserrer l'étau dans lequel la rivalité sino-américaine l'enserre. Contrairement au président Trump, ses dirigeants souhaitent continuer à entretenir des relations cordiales avec Pékin. L'argument de la dépendance économique de l'Europe à l'égard de la Chine a été souvent avancé pour expliquer cette modération. Il convient néanmoins d'aborder cette question de façon nuancée. Fort de près de 1,4 milliard d'habitants, le marché chinois exerce une puissante attraction sur nombre d'entreprises européennes, qu'il s'agisse de multinationales ou de petites et moyennes entreprises. En 2019, la Chine était à l'origine de 19 % des importations de biens de l'Union européenne et était le destinataire de 9 % de ses exportations de biens (4). Près de 43 % des exportations de l'Union européenne vers la Chine sont constituées de produits allemands. Mais le commerce avec la Chine ne représente que 8 % des échanges internationaux de l'Allemagne. Seuls 2 % des emplois allemands dépendent directement ou indirectement de ce marché (5). Les industriels allemands ne sont donc pas disposés à accepter indéfiniment une concurrence chinoise jugée de plus en plus déloyale.

L'analyse développée par la Fédération de l'industrie allemande associe lucidité et pragmatisme. Elle repose sur le constat de l'évolution de l'État chinois vers un dirigisme économique de plus en plus marqué. Engagée depuis l'arrivée au pouvoir de Xi Jinping, devenu secrétaire général du Parti communiste chinois en novembre 2012 et président de la République populaire de Chine en mars 2013, celle-ci s'est accélérée depuis la réforme constitutionnelle de 2018 supprimant la limite de deux mandats de cinq ans pour le président de la République populaire. Le capitalisme étatique que Xi Jinping a entrepris de modeler donne aux entreprises nationales un atout jugé illégitime car distinct d'un avantage relatif de productivité. L'emprise de l'État et du Parti communiste chinois sur l'économie se traduit par un brouillage des frontières entre entreprises publiques et entreprises privées. Les entreprises contrôlées par l'État doivent désormais accroître leur rentabilité de façon à attirer des investisseurs privés. En parallèle, les pouvoirs publics ont renforcé leur contrôle sur le fonctionnement des entreprises privées à travers la réactivation ou la création de cellules du Parti communiste en leur sein (6). L'État chinois influence les prix des facteurs de production et accorde massivement des subventions à des entreprises données ou à des secteurs entiers. En agissant de la sorte, il crée des distorsions de concurrence et des surcapacités de production qui se transfèrent sur les marchés internationaux (7). Les effets de cette politique industrielle sont particulièrement visibles en ce qui concerne les technologies de pointe : Pékin utilise tous les moyens à sa disposition pour faire émerger des champions nationaux dans ce secteur d'activité. Les filiales d'entreprises étrangères implantées en Chine ne bénéficient pas par ailleurs d'un traitement équivalent à celui qui est réservé aux entreprises chinoises. Leurs droits ne sont guère respectés : elles pâtissent de décisions administratives arbitraires, sont contraintes à des transferts de technologie et évoluent dans un environnement où la propriété intellectuelle est une notion souvent vide de sens. Il faut également souligner que des pans entiers du marché chinois ne sont pas véritablement ouverts à la concurrence. La Chine continue de protéger diverses industries au moyen d'instruments tarifaires. À cela s'ajoutent de nombreuses barrières non tarifaires. Quant aux investissements étrangers, ils font l'objet de restrictions d'ampleur variable : selon les secteurs d'activité, ils peuvent être interdits, limités, ou autorisés à travers la conclusion d'un accord de coentreprise avec une société chinoise (8).

L'Union européenne a longtemps subi les pratiques anticoncurrentielles chinoises sans trop broncher. Comme l'ensemble du monde occidental, elle avait fait le pari que le développement économique de la Chine s'accompagnerait de l'adoption progressive des principes de l'économie de marché. Le tournant vers un capitalisme d'État imposé par Xi Jinping la contraint à réviser sa stratégie à l'égard de l'empire du Milieu. Fortement influencé par la doctrine ordolibérale, selon laquelle le rôle de l'État consiste à créer et garantir les conditions d'une concurrence non faussée entre les entreprises, le droit de l'Union européenne fait prévaloir la politique européenne de la concurrence sur les politiques industrielles nationales. Il est animé par le souci de l'intérêt du consommateur, dont le marché concurrentiel permet de maximiser les gains réalisés dans l'échange – ce qu'on appelle le surplus du consommateur. La doctrine libre-échangiste repose sur une idée similaire. Mais cette logique ne tient pas si les parties prenantes aux échanges ne se conforment pas aux mêmes règles. C'est ce qu'a souligné le BDI dans sa note de janvier 2019.

La Chine, « rival systémique » de l'Union européenne

Lors des mois suivants, l'Union européenne a pris plusieurs décisions destinées à rééquilibrer le jeu avec la Chine. Ce virage n'aurait pas été possible sans le soutien de l'Allemagne, qui s'est rapprochée des positions françaises en la matière. Les appels de la France à une évolution du droit européen permettant de mieux défendre les intérêts des entreprises des pays membres sont restés pratiquement lettre morte pendant des décennies en raison notamment de l'opposition du Royaume-Uni, plus ouvertement attaché au libéralisme économique que les autres grands pays de l'Union européenne. Le Brexit a facilité l'ouverture d'un débat portant sur les mesures que Bruxelles pourrait adopter pour faire face à l'offensive chinoise. Celui-ci s'est rapidement avéré fructueux. Le 12 mars 2019, la Commission européenne et le Service européen pour l'action extérieure ont publié conjointement un document faisant le point sur les relations sino-européennes et traçant les grandes lignes de la réflexion que l'Union européenne devrait conduire à ce sujet. Le processus ayant conduit à la parution de ce texte avait été initié par Jean-Claude Juncker, alors président de la Commission européenne, Emmanuel Macron et Angela Merkel. La fermeté de cette analyse révèle tant l'inquiétude que la détermination des dirigeants européens : dès l'introduction, la Chine y est présentée comme « un concurrent économique dans la course à la domination technologique et un rival systémique dans la promotion d'autres modèles de gouvernance » (9). Les autorités chinoises ont parfaitement saisi ce qu'impliquait ce changement de ton. Dans une note publiée par la Fondation Carnegie pour la paix internationale, deux politologues spécialistes des relations internationales, Erik Brattberg et Philippe Le Corre, ont montré que Pékin a immédiatement engagé un dialogue avec l'Union européenne afin de ne pas s'aliéner un partenaire précieux en un moment où les tensions entre les États-Unis et la Chine s'intensifiaient. Le 26 mars 2019, au lendemain d'une visite d'État en France, Xi Jinping rencontra à Paris Emmanuel Macron, Angela Merkel et Jean-Claude Juncker (10). Dans la déclaration qu'il fit à cette occasion, le président de la République française souligna la nécessité d'accélérer les négociations conduites par la Chine et l'Union européenne pour « mieux répondre, dans un cadre coopératif, aux questions de transparence, de surcapacité, de subvention d'État et de règlement des différends ».

La réflexion relative aux relations économiques entre la Chine et l'Union européenne a connu une première étape importante avec l'adoption le 10 avril 2019 d'un mécanisme européen de filtrage des investissements étrangers dans les secteurs jugés stratégiques. Ce cadre, qui s'appliquera pleinement à partir de la fin 2020, est venu s'ajouter à des dispositifs nationaux similaires existant dans quatorze États membres. Il permettra notamment à la Commission européenne d'émettre des avis lorsqu'un investissement constituera une menace pour la sécurité ou l'ordre public de plus d'un État membre. Ce mécanisme de filtrage jouera un rôle comparable à celui du Committee on Foreign Investment aux États-Unis, qui fut créé en application du Defense Production Act de 1950. La Commission européenne se montre par ailleurs plus encline qu'elle ne l'a été par le passé à autoriser les États membres à soutenir financièrement de grands projets industriels, sous forme par exemple de partenariats public-privé. Elle a identifié les secteurs d'intérêt stratégique dans lesquels des financements publics seraient bienvenus. En font notamment partie la production de batteries électriques, les technologies liées à la norme de téléphonie mobile 5G et le domaine de l'intelligence artificielle. Certains industriels appellent à aller plus loin et plaident pour l'assouplissement des règles du droit européen de la concurrence (11). Ils jugent que celles-ci empêchent l'émergence de champions industriels européens capables de rivaliser avec les géants américains ou chinois. Le commissaire européen à la concurrence, Margrethe Vestager, a ouvert la voie en décembre 2019 à une réforme du contrôle des fusions d'entreprises. Enfin, la Commission européenne a adopté en juin 2020 un livre blanc sur les effets de distorsion causés par les subventions étrangères au sein du marché unique.

L'ensemble de ces évolutions montre que l'Union européenne est décidée à se doter des instruments juridiques permettant de répondre aux défis posés par le capitalisme d'État chinois. Contrairement à l'administration Trump, dont le bras de fer avec Pékin constitue un facteur de déstabilisation de l'économie mondiale, les dirigeants européens utilisent la diplomatie et le droit pour rétablir les conditions d'une concurrence équitable entre l'Union européenne et la Chine. La force du droit l'emportera-t-elle sur le droit du plus fort ? L'issue de cette partie contribuera à déterminer la nature des relations internationales durant les décennies à venir.

1. Bundesverband der deutschen Industrie (BDI), « Partner and systemic competitor – How do we deal with China's state-controlled economy ? », janvier 2019.
2. Les membres de l'OMC déclarent eux-mêmes qu'ils font partie des pays « développés » ou « en développement ». Les autres membres peuvent contester la décision, prise par un membre, de recourir aux dispositions prévues en faveur des pays en développement.
3. Ana Swanson, « Trump presses World Trade Organization on China », *The New York Times*, 26 juillet 2019.
4. Source : Eurostat.
5. « Ouf of date », *The Economist*, 18 juillet 2020, p. 19-20.
6. « Xi's new economy », *The Economist*, 15 août 2020, p. 9.
7. « Can pandas fly ? », *The Economist*, 23 février 2019, p. 11.
8. BDI, *op. cit.*, p. 3.
9. Commission européenne et Haute Représentante de l'Union pour les Affaires étrangères et la Politique de sécurité, « Communication conjointe au Parlement européen, au Conseil européen et au Conseil sur les relations Union européenne-Chine – Une vision stratégique », 12 mars 2019, p. 2.
10. Erik Brattberg et Philippe Le Corre, « The EU and China in 2020: More competition ahead », Carnegie Endowment for International Peace, février 2020.
11. « L'industrie, c'est moi », *The Economist*, 18 janvier 2020, p. 23-24.

Fang Fang

UNE FEMME LIBRE, PÉTRIE DE CONVICTIONS

› propos recueillis et traduits par
Geneviève Imbot-Bichet

Petite femme rieuse, pétulante d'énergie et de vie, Fang Fang ne mâche pas ses mots et ne s'est jamais départie de son franc-parler. De son vrai nom Wang Fang, cette écrivaine fait, dès ses premières publications au début des années quatre-vingt-dix, l'unanimité des critiques littéraires chinois qui voient en elle une femme d'« un immense talent » dont les écrits témoignent d'une grande compassion pour les autres, notamment pour le petit peuple, le monde des paysans et des ouvriers qu'elle connaît bien pour l'avoir côtoyé. Elle commence par écrire de la poésie dans les années soixante-dix, puis des nouvelles et des romans qui paraissent en 1982. Née en 1955 à Nankin, elle arrive avec ses parents à l'âge de 2 ans à Wuhan, ville qu'elle n'a jamais quittée et qu'elle habite depuis plus de soixante ans. C'est là qu'elle est allée au jardin d'enfants, à l'école, au collège, au lycée et enfin à l'université après avoir été manutentionnaire de 1975 à 1978, lorsque les jeunes citadins ont été envoyés s'instruire auprès des paysans et des ouvriers lors de ce vaste mouvement des Jeunes instruits envoyés à la campagne à la fin de la Révolution culturelle. Puis, en 1978, elle est admise au département de littérature chinoise de l'université de Wuhan dont elle sort diplômée en 1982. Elle est alors affectée à la télévision de Wuhan jusqu'en 1989, date à laquelle elle devient écrivain professionnel, rattachée à l'Association des écrivains de la province du Hubei. Sans être membre du Parti communiste, elle est nommée vice-présidente de cette association avant d'occuper le poste prestigieux de présidente, tout en assumant parallèlement la fonction de rédactrice en chef d'une revue littéraire dans laquelle elle donne la parole à de jeunes auteurs.

Désormais, Fang Fang est à la retraite et n'occupe plus aucune fonction officielle, elle consacre son temps à l'écriture. En presque quarante ans, elle a composé une œuvre considérable traduite en de nombreuses langues. Ses romans ou nouvelles puisent leur inspiration dans la vie ordinaire des petites gens sur qui elle porte un regard juste et sensible. Elle a toujours éprouvé de la sympathie pour ceux qui sont au bas de l'échelle sociale. C'est leur vie qui l'intéresse et qu'elle veut relater, dont elle veut témoigner sans occulter la réalité, en toute liberté. Car c'est avant tout la liberté qu'elle a recherchée tout au long de sa vie, liberté de parole, liberté d'expression et liberté de conscience. Dès ses débuts littéraires, lors d'un entretien avec une journaliste, elle déclare : « Je voue une passion pour la littérature qui m'offre plus de liberté et me permet de donner libre cours à ma pensée. C'est une forme qui convient mieux à mon goût de la liberté. » La fiction lui permet toujours de revenir au réel.

Mais aujourd'hui, pour avoir tenu son journal durant soixante jours de quarantaine imposée à Wuhan, capitale de la province du Hubei, ville au cœur de la Chine, épicentre de l'épidémie de coronavirus, dans lequel elle dénonce l'incurie des autorités, elle se voit injuriée sur les réseaux sociaux à l'instigation du courant ultranationaliste, force néo-maoïste très puissante située à gauche de l'échiquier politique en Chine, qui appelle le gouvernement à prononcer contre elle des sanctions sévères, pouvant aller jusqu'à la priver de sa pension de retraite. Désormais, il lui est impossible de publier quoi que ce soit, tous les ouvrages mentionnant son nom ont été censurés, et ses livres ne peuvent plus paraître. Depuis la sortie mondiale de son journal, intitulé *Wuhan, ville close* (1), elle est perpétuellement harcelée, discréditée, jetée en pâture à la vindicte populaire, alors que la rédaction de ce témoignage n'a jamais été pour elle un acte politique. Les choses lui sont venues simplement, naturellement : face à la situation épidémique et la mise en quarantaine de Wuhan, capitale provinciale de neuf millions d'habitants où elle réside, impensable pour elle de ne pas rapporter au quotidien ce qui s'y passe. Et constatant la propension des autorités à masquer la réalité-vérité, elle n'a pu s'empêcher de le dénoncer. Elle sait pourtant que des zones interdites existent et qu'il n'est pas autorisé de franchir certaines limites ou de s'aventurer sur ce qui touche au politique. Si, durant la période de réformes et d'ouverture prônée par Deng Xiaoping, il était possible de remettre en question des moments de l'histoire récente de la Chine, aujourd'hui il est interdit d'évoquer certains sujets devenus tabous. Or Fang Fang a dérogé à la règle en relatant avec objectivité la mauvaise gestion de la crise par les autorités durant l'épidémie, en critiquant leur silence pour avoir attendu deux semaines avant de révéler la dangerosité du virus et la transmission d'homme à homme, uniquement en raison de deux réunions politiques annuelles qui se tenaient à Wuhan entre le 6 et le 17 janvier 2020. Elle s'est donc vue censurée. Cette entrave à sa liberté lui est difficilement acceptable et risque de lui coûter cher.

En rédigeant au quotidien son journal, Fang Fang dit beaucoup de ce qu'est aujourd'hui la Chine et livre le fruit de ses réflexions ainsi que sa philosophie de la vie. Cet entretien, réalisé à la fin du mois d'août, exprime ses craintes sur l'avenir de son pays tout en gardant foi en ses convictions.

 **Revue des Deux Mondes – Pourquoi avoir voulu rédiger ce journal d'une ville confinée dès le début de l'épidémie de coronavirus dont Wuhan était l'épicentre ?**

Fang Fang La raison est en fait toute simple : j'étais moi-même confinée dans cette ville de Wuhan. Le rédacteur en chef de *Shouhuo*, une revue littéraire de Shanghai, m'avait sollicitée espérant qu'après l'épidémie je rédigerais pour eux un article intitulé « Wuhan, une ville close ». Je me suis alors mise à noter ce qui se passait sur mon compte Weibo, là où j'ai l'habitude de publier ou de republier les articles qui me semblent intéressants, un peu à ma guise, au gré de ma plume, en vue de ce papier. Et très vite, je me suis aperçue que j'avais plus de trois millions de fans. J'explique d'ailleurs dans mon premier billet pourquoi j'ai souhaité consigner les événements qui frappaient Wuhan. Au début, je prévoyais juste de prendre des notes de ce qui se passait dans cette ville en quarantaine, sans même que me vienne à l'esprit l'idée d'écrire un journal. Mais après une dizaine de jours, mon compte a été bloqué. J'ai alors poursuivi la publication de ces notes sur d'autres plateformes. Je ne m'attendais pas à être suivie par tant de lecteurs. Puis l'un d'eux a rassemblé ces premières chroniques sous le titre de « Journal de Fang Fang ». Comme, par la suite, je me suis mise à publier chaque soir un billet, je me suis dit que finalement c'était une bonne idée et je n'y ai vu aucune objection. Heureusement d'ailleurs que, durant toute cette période de confinement, j'ai pris soin de mettre par écrit ce que je voyais et ce que je ressentais, sinon peut-être qu'aujourd'hui j'en aurais oublié la plupart. Tous ceux qui n'étaient pas à Wuhan n'ont pas la moindre idée de ce que les Wuhanais ont vécu durant cette sinistre période : la détresse, la peur, l'angoisse, la colère et la mort.

Revue des Deux Mondes – Pourquoi avoir éprouvé le besoin de témoigner et surtout de dénoncer l'incurie des autorités ?

Fang Fang Très franchement, je n'ai pas réfléchi, la rédaction de mon journal m'est venue très naturellement. J'étais bouclée chez moi, je suis écrivain, une revue m'invite à écrire un article sur la quarantaine qui se profile après l'épidémie, du coup je me mets à prendre des notes. Je ne vois pas là un acte dissident ou rebelle. C'était à la portée de tous de noter au quotidien les événements. D'ailleurs, beaucoup de gens l'ont fait. Un poète notamment, Xiao Yin, a consigné de façon beaucoup plus complète que moi ce qui s'est passé à Wuhan durant les soixante-seize jours de la quarantaine. Et si je critique ou condamne les responsables politiques, c'est en raison de leur gestion désastreuse de l'épidémie au tout début – retard à prendre des mesures, dissimulation de la vérité à la population –, qui a conduit à la situation tragique que nous avons connue. Je ne pouvais pas, en tant qu'habitante de Wuhan depuis plus de soixante ans, ne pas m'insurger, dénoncer leurs fautes et leur demander d'y remédier. Cela n'a rien à voir avec mes opinions politiques. Les habitants de Wuhan sont en droit d'exiger des comptes auprès de ceux qui ont manqué à leur devoir. C'est pourquoi j'insiste dans mon journal sur cette question de responsabilité et je ne lâcherai jamais.

Revue des Deux Mondes – Vous dites ne pas être une dissidente, pouvez-vous nous expliquer pourquoi ?

Fang Fang J'ai en effet toujours dit que je n'étais pas une « dissidente ». Je ne me suis jamais préoccupée de politique, et j'ai toujours redouté les réunions et l'étude politique. J'ignore totalement les nombreux concepts politiques officiels et tous termes de ce genre d'ailleurs. N'ayant aucun intérêt dans ce domaine et n'étant pas carriériste, je n'ai jamais adhéré à aucun parti. Je veux juste bien faire ce que je fais, c'est tout. Quand je suis écrivain, je m'applique à écrire de bons romans, et quand je suis rédacteur en chef à éditer de bonnes revues. En Chine, cinquante pour cent des gens sont comme moi. C'est à chacun de faire correctement ce qu'il doit faire pour vivre bien, que les décisions gouvernementales soient correctes ou non, nous en supportons tous les conséquences. Jusqu'à ce que mon dernier roman *Funérailles molles* (2) soit critiqué par les ultranationalistes il y a deux ou trois ans, je n'imaginais pas qu'il y ait des sites Internet extrémistes aussi puissants et assez forts pour intimider les responsables chinois. La politique est quelque chose de très compliqué, davantage encore dans le contexte de la culture chinoise. Et comme cela dépasse largement ma compréhension, je n'ai vraiment aucune envie de m'y intéresser. À cela s'ajoute l'influence familiale. Personne, que ce soient mes parents ou mes frères, n'a jamais fait de politique. Dans la famille, nous nous sommes toujours appliqués à bien faire notre tâche. Enfin, un écrivain est une personne qui observe ce qui l'entoure, qui regarde et qui lit beaucoup, je porte donc plus d'attention au destin personnel et à la nature humaine. Quant au gouvernement, je l'appuie quand il fait du bon travail, mais je le critique et le dénonce quand ça ne va pas. C'est d'ailleurs tout simplement ce que j'ai fait en rédigeant ce journal.

Revue des Deux Mondes – Qu'est-ce qu'être un écrivain en Chine aujourd'hui ?

Fang Fang Écrire est une profession comme une autre, non ? Dans la vie, chacun se positionne différemment et le rôle qu'il joue lui appartient. Il en est de même pour un écrivain. Pour ma part, j'aime la littérature, j'aime écrire, j'aime consigner ce qui a trait à la société et à l'existence humaine. En tant qu'écrivain, mon rôle est donc d'écrire.

Revue des Deux Mondes – Comment voyez-vous l'avenir de la Chine ? Votre avenir personnel ?

Fang Fang Il m'est difficile de trancher cette question. Je vous invite à lire mon *Journal*, dans lequel j'aborde cette question et mentionne à plusieurs reprises que les ultranationalistes sont une vraie catastrophe pour la Chine car ils conduisent le peuple et le pays au désastre. Or, depuis quelques années, ils ont réussi à infiltrer de nombreux départements politiques et prolifèrent comme un virus. Si le gouvernement ne fait rien et continue à les soutenir et si davantage de jeunes sont contaminés par ce virus, alors la Chine n'aura aucun avenir. Quant au mien, il reste très incertain en raison des attaques menées contre moi, m'accusant d'être « un traître à la patrie », « de haïr la nation ». Néanmoins, si le régime chinois continue de considérer les propos des ultranationalistes comme la volonté du peuple et à se laisser instrumentaliser par eux, au point de ne plus tolérer une personne comme moi, alors je n'ai évidemment plus d'avenir en Chine. Et je me demande, au vu de la situation, si la Chine ne risque pas de tomber dans la fosse creusée par les ultranationalistes. Aujourd'hui, les représentants du gouvernement soutiennent cette force extrémiste, soit parce qu'ils partagent les mêmes points de vue, les mêmes opinions, soit par crainte d'être « politiquement incorrects ». Le « politiquement incorrect » est leur arme la plus puissante et la plus redoutable. Dans un tel contexte, pour n'importe quel Chinois, mais en particulier pour les intellectuels, l'espace pour s'exprimer est réduit à peau de chagrin. Il est devenu presque impossible de s'exprimer. C'est effrayant et dangereux d'en arriver là pour un pays.

Revue des Deux Mondes – Vous dites que la période actuelle vous fait penser à celle de la Révolution culturelle que vous avez vécue adolescente. Pouvez-vous nous expliquer pourquoi ?

Fang Fang Je vois une menace de la part de ces ultranationalistes dans la mesure où leur manière de faire me rappelle ce que j'ai vécu durant la Révolution culturelle, c'est en tout cas très similaire. Ils sont pour la lutte des classes, la dictature du prolétariat, la lutte des masses entre elles, le despotisme, ne tolèrent aucune opinion divergente de la leur, veulent bannir la politique de réformes et d'ouverture, et interdisent toute liberté d'expression. Pour avoir vécu adolescente les dix années de Révolution culturelle, je sais qu'une telle politique mène le pays à la régression. C'est terrible et effrayant. Moi qui ai vécu la période de la Révolution culturelle, j'espère que la Chine va continuer à se réformer et à s'ouvrir, j'espère que l'espace de parole et d'expression va vraiment s'élargir, car je ne voudrais en rien revenir à ces années sombres.

1. Fang Fang, *Wuhan, ville close. Journal*, traduit par Frédéric Dalléas et Geneviève Imbot-Bichet, Stock, La Cosmopolite, 2020.
2. Fang Fang, *Funérailles molles*, traduit par Brigitte Duzan et Zhang Xiaoqiu, L'Asiathèque, 2019.

DE GAULLE INTIME

94 | De Gaulle et Bernanos.
Une connivence profonde
› **Jacques Julliard**

98 | Richelieu, le vrai modèle
› **Éric Roussel**

104| Une force d'évidence
› **Michel Bernard**

110 | De Gaulle, provinciales
› **Jérôme Besnard**

DE GAULLE ET BERNANOS UNE CONNIVENCE PROFONDE

› Jacques Julliard

Dans *De Gaulle et les siens. Bernanos, Claudel, Mauriac, Péguy*, Jacques Julliard dresse un brillant portrait du Général à partir de sa généalogie spirituelle et littéraire. Avec Georges Bernanos, il partageait la même obsession pour la vocation et le salut de la France. Extraits exclusifs.

En juin 1942, le Général lui propose de s'installer à Brazzaville, d'où il pourrait s'adresser par radio à l'ensemble du monde, l'assurant même que ses jeunes enfants pourraient y poursuivre leurs études dans les meilleures conditions. Bernanos ne donne pas suite à la proposition, mais continue de militer pour la France libre, suscitant plusieurs comités en Amérique latine. Le 25 septembre 1944, au lendemain de la libération de Paris, de Gaulle l'invite à regagner la France. Le 16 février 1945, il se fait plus pressant : « Votre place est parmi nous. (1) »

Rentré à Paris, Georges Bernanos est l'objet d'égards particuliers et des plus flatteuses sollicitations. Les deux hommes s'étaient sûrement déjà rencontrés, puisqu'ils ont fréquenté ensemble le célèbre collège jésuite de la rue de Vaugirard : quand Bernanos y entra en 6e, de Gaulle était en 5e. On ne sait pas s'ils se sont alors un peu connus, mais d'avoir fréquenté le même établissement suscite parfois d'étranges complicités imaginaires et rétrospectives... De Gaulle, qui avait déjà sollicité l'écrivain pour faire partie de l'Assemblée consultative, lui propose un ministère ou, à défaut, une ambassade, ainsi que la Légion d'honneur qu'il entend lui remettre lui-même. Bernanos refuse le tout, comme il déclinera la proposition de l'Académie française, transmise par François Mauriac, d'entrer en son sein.

Déçu d'emblée par la France de la Libération, l'auteur de *Nous autres Français* est entré dans un noir chagrin. Les entrevues avec de Gaulle, au nombre de trois, dont une à La Boisserie en compagnie d'André Malraux, sont fort décevantes. Chacun des deux personnages laisse l'autre sur sa faim et la conversation se fait languissante.

De Gaulle, Bernanos sont comme la France qu'ils ont tant aimée : ils ne sont vraiment eux-mêmes que dans la distance, l'éloignement, en un mot l'imaginaire.

C'est pourquoi, de Tunis où il s'est réfugié pour finir ses jours, l'atrabilaire amoureux de la France n'hésite pas à faire parler de Gaulle à sa place, sous forme de messages imaginaires : « Le Général vous parle. » Six articles successifs, parus dans *L'Intransigeant* (mars-mai 1948) quelques semaines avant sa mort, expriment quelque chose de la désespérance qui est la sienne et qu'il croit, d'intuition, pouvoir partager avec le général de Gaulle.

S'adressant aux Français, il les juge indignes de la victoire par procuration qu'ils doivent au Général : « Vous avez perdu la guerre et vous ne regrettez nullement de l'avoir perdue car vous n'auriez absolument su quoi faire d'une victoire. Au lieu que vous saviez... quoi faire d'une défaite, à condition qu'elle fût assez complète pour justifier tous les abandons (2)... » Faisant écho au mot prêté à de Gaulle : « Les Français sont des veaux », il affirme froidement que, aux yeux de la majorité d'entre eux, de Gaulle et Pétain sont parfaitement équivalents, qui leur permettent d'échapper à leur destin et à leurs

Jacques Julliard est historien, essayiste et journaliste, éditorialiste à *Marianne* et chroniqueur au *Figaro*. Dernier ouvrage publié : *De Gaulle et les siens. Bernanos, Claudel, Mauriac, Péguy* (Cerf, 2020).

responsabilités. À quoi leur servent leurs grands hommes ? À se réfugier dans leur petitesse, bien à l'abri de l'appel de l'honneur et des entreprises de l'âme.

« Ils attendent que j'offre l'honneur du nom que je porte et l'éclat des services rendus en caution de leur médiocrité, car c'est toujours de leur médiocrité qu'ils espèrent leur salut. (3) »

Dieu nous préserve des bons Français et des bonnes Françaises ! Si Jeanne d'Arc avait été l'une d'entre elles, elle aurait souhaité nuit et jour la réconciliation des Armagnacs et des Bourguignons. Toujours la haine des imbéciles, c'est-à-dire de la majorité, sous le règne de la démocratie. Bernanos n'a pas changé. Sous une forme un peu moins provocante, parce que la dénonciation de la lâcheté des catholiques et de la pusillanimité de Maurras servait de paravent à sa détestation du Nombre, c'est déjà l'arrière-plan dépressif aux fulgurations vengeresses des *Grands Cimetières sous la lune* (4).

Bernanos a-t-il vraiment tort de prêter à de Gaulle sa propre désespérance ? Vingt ans plus tard, dans le désabusement crépusculaire de La Boisserie, Malraux prête au Général, en cette soirée du 11 décembre 1969, des pensées similaires :

« J'ai eu un contrat avec la France… et non avec les Français. Les Français n'ont plus d'ambition nationale. Ils ne veulent plus rien faire pour la France. Je les ai amusés avec des drapeaux… (5) »

Le Général imaginé par Bernanos dit la même chose dès 1948 :

« Français, pour vous sauver, il ne suffit pas que je sois demain à la tête de l'État. Il faut que je sois à la tête de la France. (6) »

Comment dire plus nettement que, pour Bernanos comme pour de Gaulle, la France et le monde ne seront sauvés que par quelques-uns ? Et même, au bout du compte, car ils sont chrétiens, par Quelqu'un…

Même espacées, même difficiles, les relations de De Gaulle avec Bernanos étaient intenses, parce qu'elles étaient marquées d'un même sceau du spirituel. C'est la vocation et le salut de la France qui les inspiraient l'un et l'autre pendant la guerre. « Le plus gaullien des écrivains français », dit justement Jean Lacouture à propos de Bernanos. D'où une grande liberté de ton, fût-ce avec le Général. Selon Jean-Loup Bernanos, lors de la seconde entrevue de l'automne 1945, dont il ne sortit pas grand-chose parce que de Gaulle avait parlé sans arrêt, l'écrivain se leva à la fin de l'entrevue et lança : « Vous voulez savoir ce que je pense de la France ? Eh bien, la France est dans la merde, mais vous êtes suffisamment grand pour rester au-dessus ! (7) »

1. *Bernanos*, iconographie recueillie, choisie et présentée par Jean-Loup Bernanos, Plon, 1988, p. 141.
2. *L'Intransigeant*, 16 mars 1948. Repris dans Georges Bernanos, *Français, si vous saviez... 1945-1948*, Gallimard, coll. « Idées », 1961, p. 349-373.
3. *Idem*.
4. *Idem*, 1er avril 1948.
5. André Malraux, *Les chênes qu'on abat*, Gallimard, 1971, p. 22-23.
6. Georges Bernanos, *Français, si vous saviez...*, *op. cit.*, p. 305.
7. Cité par Alain Larcan, *De Gaulle inventaire : la culture, l'esprit, la foi*, Bartillat, 2003, p. 479.

RICHELIEU, LE VRAI MODÈLE

› Éric Roussel

Dès le lendemain de l'échec du référendum du 27 avril 1969 qui entraîna sa démission immédiate, le général de Gaulle entreprit la rédaction de ses *Mémoires d'espoir*. Il y consacra beaucoup de temps, en particulier lors de son voyage en Irlande, pays de ses ancêtres McCartan. Son projet était de donner, sans doute en trois volumes, son témoignage sur les dix années durant lesquelles, revenu au pouvoir en 1958, il présida aux destinées du pays. La mort, hélas, le surprit le 9 novembre 1970, juste un mois après la publication du premier tome et il ne laissa du second qu'un manuscrit inachevé rendu public quelques mois plus tard. De Gaulle n'eut donc pas le temps de rédiger ce qui aurait pu être l'un des sommets de son œuvre littéraire, en tout cas les pages les plus révélatrices de sa personnalité : les dialogues imaginaires où il comptait se confronter aux grandes figures de l'histoire de France.

La tendance actuelle est de faire du Général un contemporain. Des livres, des films tendent même à le ramener à l'insignifiance commune en prétendant révéler sa vie privée dont il tenait les portes hermétiquement fermées. Il y a là un contresens flagrant. De Gaulle n'a été de Gaulle que parce qu'il était différent de toutes les autres personnalités de son époque. Et, à bien des égards, il n'était pas un homme de son temps et cela explique sans doute en partie pourquoi, à deux reprises, en 1940 et en 1958, il réussit à contrer le destin, à rompre la logique perverse d'un système hyper-parlementariste dévoyé et générateur de catastrophes. L'homme du 18 juin n'ignorait pas la culture de son temps mais il était surtout familier des classiques et, singulièrement, des auteurs du Grand Siècle, Pascal, mais aussi Racine et Corneille dont il connaissait par cœur des tirades entières. Inversement, il n'aimait guère le siècle des Lumières dont il n'avait d'ailleurs, semble-t-il, qu'une connaissance minimale. De Gaulle ne se sentait pas de plain-pied avec une période durant laquelle on remit en cause tant de dogmes. Du même coup, on comprend mieux pourquoi la IIIe République lui inspirait de fortes réserves : ce régime, construit sur le présupposé de l'optimisme kantien, suscitait instinctivement sa méfiance. Et s'il avait pu mener à bien son projet de dialogues imaginaires, il y a fort à parier que les grandes figures d'hommes d'État de l'âge classique se seraient vues distinguées.

Éric Roussel est historien, membre de l'Institut. Derniers ouvrages publiés : *Charles de Gaulle* (Tempus/Perrin, 2020), *De Gaulle, monument français* (L'Observatoire, 2020).

On rapproche souvent de Gaulle et Napoléon. Le parallèle n'est évidemment pas sans intérêt, comme Patrice Gueniffey l'a montré dans un beau livre (1). Le Général et l'Empereur ont en commun d'avoir rompu le cours fatal des événements, d'avoir su sortir la France d'un chaos pour la remettre sur les rails. Mais, par ailleurs, tout les oppose. Napoléon est un homme des Lumières qui a conçu son rôle comme celui d'un démiurge sans autres limites que celles qu'il pouvait, le cas échéant, s'imposer, ce qui s'avéra rare. D'où ses entreprises hasardeuses jugées sévèrement par le fondateur de la Ve République. Si la confiance des Français lui avait permis de rester au pouvoir encore quelques mois, il lui serait revenu la charge de prononcer à Ajaccio le discours commémoratif du bicentenaire de la naissance de Bonaparte et nul doute qu'il n'aurait pas manqué de regretter que l'Empereur ait finalement détruit l'œuvre du Premier Consul par ses excès. « Sa chute fut gigantesque, en proportion de sa gloire, soulignait-il déjà au début des années vingt. Celle-ci et celle-là confondent la pensée [...] Napoléon a laissé la France écrasée, envahie, vidée de sang et de courage, plus petite qu'il ne l'avait prise, condamnée à de mauvaises frontières, dont le vice n'est point redressé, exposée à la méfiance de l'Europe dont, après plus d'un siècle, elle porte encore le poids. » Le Général, évidemment, reconnaissait en Napoléon un extraordinaire professeur d'énergie, pour reprendre l'expression de Maurice Barrès, l'un de ses écrivains favoris. « Quel nom, cependant, traîne après lui plus de dévouements et d'enthousiasmes, au point qu'on ne le prononce pas sans remuer dans les âmes comme une sourde ardeur. » Il n'empêche que l'Empereur ne fut jamais son modèle.

Pour Richelieu, l'exercice du pouvoir avait donc nécessairement une dimension sacrificielle.

Louis XIV aurait certainement suscité de sa part un jugement plus favorable. Les pamphlétaires et caricaturistes des débuts de la Ve République ont souvent esquissé un rapprochement entre les deux hommes. Dans *Le Canard enchaîné*, André Ribaud tint durant des années une chronique parodique de Saint-Simon intitulée « La Cour » et il n'est pas sûr que le chef de l'État en ait été mécontent. Il s'est moins exprimé sur le Roi-Soleil que sur Napoléon mais, toujours, il tendait à redresser toute appréciation négative sur le bâtisseur de Versailles. En Irlande, le 18 juin 1969, alors que son hôte, l'ambassadeur de France Emmanuel d'Harcourt, lui demandait s'il ne pensait pas que Louis XIV avait engagé la France dans une voie qui ne pouvait déboucher que sur la Révolution, sa réponse fusa sans aucune précaution oratoire: « C'est ce qui se dit mais, à mon avis, tout ce qui est grand – et d'abord le service de l'État – a commencé sous lui. »

Mais le véritable inspirateur de De Gaulle, celui dont il semble en tout cas le plus proche, est Richelieu, le grand ministre de la Monarchie. Michel Debré ne s'y trompa pas, lui qui soulignait: « J'attends l'historien sincère et profond qui établira un parallèle entre le cardinal de

Richelieu et le général de Gaulle, entre le fondateur de l'État moderne et le restaurateur de la République [...] Richelieu et de Gaulle ont tous deux reconstitué l'État, ont ainsi rendu aux Français confiance en la France, en même temps qu'ils imposaient son respect au monde entier. »

Les similitudes entre les deux hommes, par-delà les siècles, sont telles qu'on peut légitimement penser que le Général aurait validé ce jugement de son ancien Premier ministre. On a trop caricaturé « l'homme rouge ». Alexandre Dumas en est grandement responsable, lui qui, dans *Les Trois Mousquetaires*, puis *Vingt ans après*, a donné le mauvais rôle au ministre de Louis XIII : celui d'un homme inflexible, cruel, adepte de la raison d'État la plus rigide. Richelieu, sans doute, n'était pas un enfant de chœur. Lorsqu'il l'estimait indispensable, il laissait s'abattre la hache sur le cou de ceux qui, à ses yeux, avaient mis en péril le bien commun. Cinq-Mars, Chalais et quelques autres l'apprirent à leurs dépens. Cependant, le Cardinal n'agissait pas selon son bon plaisir. Il ne se contentait pas davantage d'arbitrer entre des intérêts ou des forces forcément concurrentes, voire antagonistes. Pour lui, note l'un de ses meilleurs commentateurs, Arnaud Teyssier, « le bon gouvernement des hommes est une fin en soi qui suppose la suprématie absolue de l'intérêt collectif. Mais, comme il est difficile de convertir des individus à cet intérêt général, il faut ruser avec les faiblesses de l'homme, s'accommoder de son infirmité, le faire entrer doucement dans les voies de la perfection par la considération de son propre intérêt » (2). Parfois, souvent même, il faut contraindre. Ainsi, Richelieu lutta-t-il avec énergie contre les Grands dont les menées affaiblissaient l'État. À ses yeux, le recours à la force était légitime dans la mesure où l'intérêt collectif – « le bien commun », disaient les penseurs chrétiens – se trouvait en jeu.

Pour Richelieu, l'exercice du pouvoir avait donc nécessairement une dimension sacrificielle. Et telle paraît bien avoir été aussi la conception du Général. À cet égard, rien n'est plus éclairant que son attitude lors du règlement de l'affaire algérienne. On sait qu'il vécut intimement de manière douloureuse l'issue en forme de tragédie. À l'historien Charles Morazé, il confia à ce propos : « Seuls les imbéciles refusent d'être malheureux. » À Valéry Giscard d'Estaing, il avouera : « Croyez-vous que, pour un homme de mon âge et de ma formation, cet abandon ne soit pas un crève-cœur ? » Il faut ajouter que, selon son collaborateur Pierre-Louis Blanc, rédigeant ses *Mémoires d'espoir*, il avait accompagné le récit de cet épisode d'une brève formule : « Et que Dieu me prenne en pitié. » Sur le conseil de ses premiers lecteurs, il supprima ces quelques mots qui en disaient long sur ses sentiments profonds.

Dans la période contemporaine, peu de personnages plus ou moins illustres paraissent avoir marqué de Gaulle. En Raymond Poincaré, président de la République durant la Grande Guerre et sauveur du franc à la fin des années vingt, il voyait un « demi-grand homme, à la mesure du régime » qui n'aurait pu donner sa mesure que chapeauté par un monarque. André Tardieu, esprit brillant, paraît avoir séduit un temps le Général à l'époque où il était encore un jeune officier à la recherche d'appuis. Mais Tardieu ne fut pas séduit par les conceptions de l'auteur de *Vers l'armée de métier*. Et de toute façon, cette figure importante de la droite ne s'imposa pas comme on avait pu le penser, en dépit de ses passages à Matignon. De Gaulle s'inspira tout de même de ses idées en matière institutionnelle : comme lui, il jugeait indispensable un rééquilibrage du régime au bénéfice de l'exécutif.

Le seul personnage qui, à l'époque, ait vraiment inspiré de l'admiration à de Gaulle est Georges Clemenceau. On voit bien tout ce qui avait pu les opposer. Le Tigre fit preuve tout au long de sa vie d'un anticléricalisme acharné. On peut même dire que l'antichristianisme a été sa colonne vertébrale. Il n'empêche que l'homme du 18 juin se reconnaissait dans ce patriote qui conduisit la France sans faiblir jusqu'à la victoire de 1918. À la radio de Londres pendant la guerre, il lui arriva plus d'une fois d'exalter la mémoire du Vendéen : « Père la Victoire, s'exclama-t-il en 1941, le jour anniversaire de l'armistice, le soir du grand 11 novembre, quand la foule, ivre de joie, s'épuisait à vous acclamer, vous avez crié les seuls mots qu'il fallait dire. Vous avez crié : "Vive la France!". Eh bien, vous n'avez pas crié pour rien ! La France vivra et, au nom des Français, je vous jure qu'elle sera victorieuse. Quand la victoire sera gagnée et que justice sera faite, les Français viendront vous le dire. Alors, avec tous les morts dont est pétrie la terre de France, vous pourrez dormir en paix. »

Le Général tint parole : le 13 mai 1946, quatre mois après sa démission, il réserva sa première sortie publique au souvenir du Tigre : sur sa tombe à Mouchamps, il déposa une couronne en forme de croix de Lorraine. D'évidence, il se voyait comme le continuateur de l'homme que rien n'avait pu faire dévier de sa mission pendant le premier conflit mondial.

Nostalgique de la monarchie, républicain par raison, de Gaulle ne se sentait de plain-pied qu'avec les hommes d'État qui, avant lui, s'étaient voulus les serviteurs de la grandeur française. Leur exemple n'a cessé d'inspirer sa réflexion et son action. Et sans doute pressentait-il qu'il n'aurait pas de successeur avant longtemps.

1. Patrice Gueniffey, *Napoléon et de Gaulle. deux héros français*, Perrin, 2017.
2. Richelieu, *Testament politique*, introduction d'Arnaud Teyssier, Perrin, 2011.

UNE FORCE D'ÉVIDENCE

› **Michel Bernard**

n vidant les combles de la sous-préfecture de Reims en cours de rénovation, il y a un peu moins de dix ans, on a trouvé, l'un sur l'autre, adossés contre un mur au milieu d'un bric-à-brac de chaises boiteuses, de fauteuils affaissés et d'abat-jour fanés, deux anciens portraits officiels de la même époque, celui de Pétain et celui de De Gaulle. Je ne me souviens plus lequel recouvrait l'autre. Une grande photographie en couleur dans un large cadre de bois peint façon métal argenté, sobre, futuriste, dans le goût techno-modern`iste de la Révolution nationale pour l'un, yeux bleus, moustache blanche; un agrandissement photographique en noir et blanc imprimé sur du méchant papier journal jauni et gondolé pour l'autre, moustache et cheveux corbeau, coiffé du képi à feuilles et glands de chêne de 1940. Le premier était une production haut de gamme d'artisan encadreur, le second sentait le bricolage hâtif, une affichette glissée en urgence dans un cadre de seconde main. Les deux objets racontaient une histoire qu'il est permis de reconstituer ainsi.

Le 30 août 1944, alors que les Forces françaises de l'intérieur et l'avant-garde d'une colonne américaine escarmouchent à la sortie de la ville contre les derniers fourgons de l'armée allemande en fuite, Pierre Schneiter, nommé par le chef du Gouvernement provisoire, prend ses fonctions à la sous-préfecture, sise derrière la cathédrale dans l'ancien hôtel des Intendants de Champagne. Le portrait officiel du chef de l'État français au-dessus de son bureau est décroché, remisé au grenier par le concierge. Dans les salons, on trouve un cadre aux dimensions à peu près compatibles. On le dépouille de sa gravure et glisse sous le verre le visage du général de Gaulle. Entre les fines baguettes d'acajou, on ajuste en guise de passe-partout une mince feuille de carton découpée aux ciseaux, pour tenir dans son logement d'emprunt la grise affichette. Sur le même clou, l'avenir chasse le passé. L'ancien portrait, plus grand, laissa sur le mur une trace qui resta longtemps apparente, jusqu'à ce que le ministère de l'Intérieur trouvât les moyens de changer le papier peint.

Michel Bernard est écrivain. Dernier ouvrage publié : *Le Bon Sens* (La Table ronde, 2020).

La République française s'étant réincarnée, le représentant de l'État et les membres du comité départemental de libération allèrent au balcon saluer les Rémois assemblés place Royale, autour de la statue de Louis XV. Derrière eux, au même moment, on peut sans faire violence à la vérité imaginer une autre scène : la secrétaire et les fonctionnaires de la petite administration préfectorale sont venus voir dans le bureau de leur nouveau patron la tête de ce fameux de Gaulle, condamné à mort en 1940, libérateur héroïque à l'été 1944. Ils en avaient entendu parler pendant quatre années, parfois l'avaient entendu à la radio de Londres. Ils découvraient son visage.

J'ai fait mettre en dépôt le portrait du maréchal Pétain au musée d'histoire de la ville de Reims et accroché tel quel, moins la poussière, le portrait du général de Gaulle dans le bureau que j'occupais, d'où l'on voit le chevet et le toit de la cathédrale. Il doit toujours s'y trouver.

Ce ne fut pas seulement l'enthousiasme, le désir de partager une joie débordante, de vivre collectivement un moment historique à l'endroit précis où il advenait, qui poussèrent les Parisiens à se rassembler par centaines de milliers sur les Champs-Élysées et le parvis de Notre-

Dame le 26 août 1944, ce fut aussi la curiosité. On voulait savoir à quoi ressemblait l'homme dont n'étaient connus que la voix et le nom, une voix et un nom brusquement surgis sur le théâtre du monde dans de terribles circonstances. Les curiosités ne furent pas déçues. Personne, sauf son créateur, n'aurait pu imaginer une tête, une allure pareilles. Tout était démesuré, de guingois, bizarre, et tout, comme dans les grandes œuvres, était accordé au moment, au lieu, à l'histoire. Dieu, cette fois, était un artiste.

Dans la foule massée ce jour-là sur les Champs-Élysées pour acclamer Charles de Gaulle, se dressait sur la pointe des pieds un petit homme sec d'une soixantaine d'années, un grand nez, le menton en galoche, sa casquette à la main. Comme les autres, il essayait d'apercevoir le général entendu pour la première fois pendant l'été 1940 à Saint-Amour (Jura) chez son voisin, Lucien Febvre, l'historien cofondateur des *Annales* avec Marc Bloch. Ce badaud s'appelait Léon Werth dont le nom est répandu dans le monde entier. Il est le dédicataire du *Petit Prince* de son ami Saint-Exupéry.

« De Gaulle descend, à pied, l'avenue des Champs-Élysées. De la foule, qui attend, monte un clapotis de cris et de rumeurs. Quand il paraît, tous les cris, toutes les rumeurs s'assemblent en une vague unique, à peine oscillante, qui emplit tout l'espace entre terre et ciel. »

Sur ces deux phrases s'achève *Déposition*, le journal tenu sous l'Occupation par Léon Werth, à la campagne jusqu'au début du mois de janvier 1944, puis à Paris. Cette descente des Champs-Élysées, un des événements les plus émouvants de l'histoire de France, renversait d'un coup le rapport physique entre un homme et son peuple. Celui qui fut une voix pendant quatre longues années, pour les Français réduits au silence, passait soudain au milieu d'eux, silencieux, transfiguré, tandis que leurs voix unies convergeaient vers lui.

De Gaulle est cité dans *Déposition* à la fin du mois de juillet 1944 quand l'écrivain parisien, juif d'origine vosgienne, ancien combattant blessé pendant la Grande Guerre, anticolonialiste, longtemps proche de l'extrême gauche, récapitule les informations dont il dispose sur ce général appelant à résister. Pas grand-chose : « D'extrême droite, royaliste, m'a-t-on dit. » Par la presse, il le sait destitué par le régime de

Vichy, ce qui suffit à lui donner l'intuition qu'il pourrait être l'homme de la situation, le sauveur de la patrie. Ce mot, qui le hérissait autrefois, était entré depuis peu dans son vocabulaire. Il lui était monté aux lèvres en même temps que les larmes aux yeux, en voyant un régiment allemand défiler dans Montargis quelques jours après l'armistice.

Déposition est un des témoignages les plus percutants, lucides sur ce que furent l'existence et l'opinion d'un Français pendant l'Occupation. L'œil aiguisé de Werth est servi par une écriture précise, directe, ramassée, à la manière de Jules Renard, qui tient à distance le sentiment pour laisser venir l'émotion et saisir un moment vrai. Dans ses notations quotidiennes, le nom du général de Gaulle apparaît souvent, de sorte que le livre montre les traces laissées par le cheminement de l'homme de Londres dans l'esprit d'un écrivain français suspecté, puis menacé après l'invasion de la zone libre.

Dans les premières semaines, pour former son jugement, le reclus n'a que des phrases prononcées sur la BBC. « Je cherche de Gaulle dans sa voix. Elle me paraît d'abord un peu serrée. Si je haïssais de Gaulle, je dirais peut-être que sa voix porte monocle. Cela ne m'en émeut que davantage… Mais la voix se dénoue, se libère. Et voici que les mots de De Gaulle se joignent comme dans une prière, ils viennent à nous d'un seul souffle. » Plus tard, après le sabordage de la flotte à Toulon en 1942 : « Ton très peu oratoire, concentré, simple. » En 1944, deux mois avant le débarquement, dans un appel à l'union nationale : « La voix appuie, mais ne s'enfle jamais par truc oratoire. Il appuie sur la pédale sourde. » Il note aussi qu'un paysan du hameau voisin lui a dit faire confiance à de Gaulle parce qu'il ne crie pas comme les autres.

On a dit et écrit, souvent en croyant augmenter l'éloge, que le charisme du général de Gaulle s'était imposé malgré le caractère ingrat de son apparence, sa gaucherie, et, à la radio, malgré le timbre aigrelet, discordant de sa voix. C'est probablement l'inverse qui est vrai. Les signes extérieurs de la séduction, la prestance, le don oratoire, qui signalent le politicien et favorisent sa carrière par petit temps, inquiètent dès que le vent forcit, dégoûtent quand on commence à enfiler les brassières. Une fois dans les chaloupes, on le passe par-dessus bord.

À propos de Barrès, Bernanos parlait de « son pauvre sourire crispé de fille pauvre et noble qui ne trouvera jamais de mari ». Cela m'a toujours fait penser aux photographies de De Gaulle en Angleterre pendant les journées suivant le 18 juin 1940, dans les rues de Londres, portant encore ses jambières et culotte de cheval démodées d'officier français. Il y a effectivement quelque chose de féminin dans cette voix des débuts où semblent s'élever davantage d'aigus que de graves et qui paraît toujours sur le point de se briser. Le propos est sobre, rationnel, le vocabulaire simple, l'expression constamment maîtrisée, sous contrôle, mais le grain de la voix avoue une sensibilité aussi grande qu'elle est étroitement contenue. Par les ondes, depuis son chalet de Saint-Amour, Léon Werth en artiste de la langue française l'a senti et sans doute, d'instinct, des milliers de gens avec lui.

Cette musique si particulière de la voix de Charles de Gaulle, qui exerce aujourd'hui encore un charme prenant, indépendant de la nostalgie, est extraordinairement accordée à un usage classique de la langue où chaque mot à sa juste place pèse son juste poids. Werth n'a pris connaissance de l'appel du 18 juin qu'en 1944, au moment de sa rediffusion par la BBC le jour de son quatrième anniversaire. En réalité, il s'agissait de celui diffusé le 22 juin 1940 puisque l'original n'avait pas été enregistré. Il en fut saisi : « De Gaulle annonce l'avenir et le contraint. Pourquoi la radio de Londres n'a-t-elle pas détaché tel morceau de cet appel de juin 1940 et ne l'a-t-elle pas, comme on fait d'un slogan, chaque jour répété ? » La large publicité enfin donnée à ce texte, à l'heure où étaient engagés en Normandie la bataille contre les Allemands pour la libération de la France et le bras de fer avec les Alliés pour l'indépendance de son administration, a puissamment joué pour asseoir la légitimité sans condition du général de Gaulle. Qu'un homme depuis le centre du désastre ait pu en termes si clairs, si précis, du fond de l'abîme annoncer quatre ans avant ce que les Français voyaient se passer sous leurs yeux et qu'ils avaient longtemps cru impossible, tenait du miracle. Les Français trouvaient un chef en même temps qu'il leur rendait leur État.

Ils redécouvraient aussi le sens des mots de leur langue que les contorsions de Vichy, avec une incroyable richesse d'invention langagière, avaient perverti pour rendre présentable ou édulcorer la soumission à une force armée étrangère et la collaboration avec l'Allemagne nazie. Ces ambiguïtés, ces compromissions, ces mensonges, ces euphémismes, ces périphrases contournées de Vichy pour ne pas nommer la brutalité, la cruauté et l'avidité des occupants, avaient conduit le général de Gaulle à rappeler dans son discours du 11 novembre 1942 à l'Albert Hall que : « L'ennemi est l'ennemi. » Cette tautologie célèbre n'a rien perdu de sa puissance. Comme une fusée éclairante dans la nuit, elle jette sur les aspects les plus sinistres des événements récents en France sa force d'évidence.

DE GAULLE, PROVINCIALES

› **Jérôme Besnard**

L e général de Gaulle goûtait, de son propre aveu, le style « pur et sans accessoires » de l'écriture de Jacques Chardonne, louant l'« ampleur et la désinvolture de sa pensée ». Étonnant jugement au premier abord lorsque l'on se souvient que, dégoûté par l'effondrement moral vécu par la France durant les années trente, et dans le même temps admiratif, presque malgré lui, de l'énergie totalitaire allemande qui avait eu raison de nos faiblesses, Jacques Chardonne s'accommoda fort bien de l'Occupation. Pour comprendre l'état d'esprit d'alors du styliste protestant charentais, élevé à Barbezieux dans le cognac et la porcelaine de Limoges, il faut relire avec soin sa *Chronique privée* publiée en 1940. L'homme a compris les causes profondes de la défaite. Là où le général de Gaulle ne pardonnera jamais à Paul Morand, ambassadeur de Vichy à Bucarest puis à Berne, d'avoir préféré servir une autre légitimité que la sienne, le général fera preuve d'une rare indulgence pour l'auteur des *Destinées sentimentales*, qui se tenait soigneusement à l'écart de toute responsabilité officielle. À l'instar de François Mitterrand, le général appréciait chez lui le chantre de la vie provinciale, le fils d'un terroir donné, aimé et médité.

Gaulliste « réfractaire » comme son maître Georges Bernanos (1), le jeune Roger Nimier voyait en son ami Jacques Chardonne un janséniste, l'appelant volontiers « le solitaire de Buc-Chalo » lorsqu'il l'évoque dans ses lettres à Paul Morand (2). Ce jansénisme ascétique ne serait-il pas un point commun entre le bourgeois de Barbezieux et le solitaire de Colombey-les-Deux-Églises ? Il faut se rappeler que le 8 janvier 1959, dans la salle des fêtes de l'Élysée, René Coty acheva son discours de passation de pouvoir à l'adresse du général par une formule pascalienne : « En vous s'est opérée la conjonction de la grandeur d'établissement et de la grandeur personnelle. » Des mots qui ne pouvaient que toucher le cœur du Général puisque, comme le fait remarquer à bon escient Alain Larcan dans sa somme indispensable sur la genèse de la pensée du fondateur de la Ve République (3) : « Tout porte à croire que de Gaulle a longuement médité Pascal, qu'il l'a connu très tôt au cours de ses études secondaires et approfondi pendant sa captivité. » Un certain jansénisme marque ainsi de son empreinte le gaullisme politique, lui conférant « cette vertu singulière » qui selon l'expression de Sainte-Beuve dans son *Port-Royal* « tendait à retremper les âmes et que le caractère français n'a pas eu la force de supporter » (4).

Jérôme Besnard est essayiste, auteur de *La Droite imaginaire* (Cerf, 2018, Prix de l'Appel du 18 juin).
› jbesnard@yahoo.fr

Ce caractère français, l'auteur du *Fil de l'épée* aimait à le retrouver dans ses longues visites des provinces qui l'irriguent de leurs traditions singulières. Le profond sens de l'État du général de Gaulle, débouchant sur une perception aiguë de l'intérêt national, était parfaitement compatible avec l'amour des particularismes régionaux. Le projet de réforme territoriale de 1969 venait de loin. Prenons quelques exemples. Charles de Gaulle a effectué pas moins de six voyages en Corse entre 1943 et 1961. Dès 1943, il saluait sur les ondes radiophoniques « la Corse française, la Corse si aimée et si admirée ». Sur l'île, il peut compter sur le dévouement sans faille de son cousin l'ingénieur Henri Maillot et sur celui du sénateur-maire radical-socialiste de Venaco, Paul Giacobbi, qui a refusé de voter les pleins pouvoirs au maréchal Pétain et dont il fera à la Libération son ministre des Colonies puis de l'Éducation nationale. Du voyage de novembre 1961, François Lorenzoni, alors caporal-chef à la 11e demi-brigade parachutiste de choc, garde encore aujourd'hui dans son appartement de Porto-Vecchio des photos prises à Bastia et des souvenirs précis puisqu'il assurait alors, en civil, la protection rapprochée du général. « Nous étions quelques mois à peine après la tentative de putsch à Alger », m'expliquait-il l'été dernier au milieu de ses souvenirs coloniaux. La sécurité du chef de l'État craignait à juste titre des tentatives d'attentat. Gardant une admiration sans borne pour le Général, François Lorenzoni n'en a pas moins rejoint les rangs du FLNC dès la fin des années soixante-dix et il continue aujourd'hui à soutenir la cause nationaliste dans ce qu'elle garde de plus pur. Avec Paul Giacobbi, le général de Gaulle a sillonné à plusieurs reprises les petites routes de montagne qui font le charme de l'île, s'arrêtant dans les villages mais aussi à Ponte-Novu, lieu de la défaite des insurgés corses de Pascal Paoli face aux troupes françaises le 9 mai 1769, où il prononcera une allocution lors de son dernier voyage sur l'île, en 1961, répondant à la demande d'autonomie formulée par le maire des lieux, Roxane Polidori.

On connaît mieux la passion du général pour la Bretagne à laquelle l'attachaient des souvenirs familiaux et les origines de la France libre, irriguée des pêcheurs de l'île de Sein. Il y effectua de nombreux voyages, par les champs et par les grèves. Il y lança dans un climat houleux d'agitation bretonnante la campagne de son dernier référendum. Son discours de Quimper, prononcé le 2 février 1969 devant 8 000 personnes sur la place de la Résistance, comprend des phrases prononcées en langue bretonne : ce sont des vers composés au siècle précédent par son oncle le barde Charles de Gaulle. Aux murs de la brasserie Le Finistère, située place Saint-Corentin à l'ombre protectrice de la cathédrale, doivent toujours subsister les photos prises à l'occasion de ce déplacement, où figurent également le député quimpérois d'alors, l'ancien garde des Sceaux Edmond Michelet, survivant du camp de Dachau dont l'Église instruit la possible béatification (5).

Bien sûr, lors de cette sorte d'ultime voyage en France, le général avait dû essuyer les quolibets des militants bretonnants, motivés par l'incarcération de certains de leurs camarades, Jean Bothorel en tête. D'autres ont souligné qu'après 1965 l'anxiété du général face à la tournure des événements politiques en France et dans le monde était grande. François Sureau évoque cette « détresse terminale » qu'il avait partagée avec Disraeli, Clemenceau et Churchill (6). Qu'adviendrait-il après lui, qu'adviendrait-il vraiment ? Ce n'était pas la première fois que les pentes du désespoir s'ouvraient devant lui, comme à l'issue des combats du printemps 1940. Il avait alors trouvé en lui les conditions du sursaut. « Il faut savoir désespérer jusqu'au bout », écrivait Roger Nimier en retournant le « tout désespoir en politique est une sottise absolue » de Maurras. Peut-être de Gaulle était-il venu chercher dans cette Bretagne qu'il aimait un dernier sursaut d'espoir, une rencontre avec « la petite fille espérance » de son cher Péguy (7) ? On ne se trompera guère en le soupçonnant d'être atteint du même dégoût pour le « monde » que Pascal en ses dernières années.

Trop pénétré de catholicisme social pour céder longtemps aux sirènes du jacobinisme, le général de Gaulle a rêvé tout au long des années soixante de réconcilier l'efficacité de l'État et la vitalité des régions françaises. Ce sera le sens de son action en faveur de l'aménagement du territoire, avec notamment la création en 1963 de la précieuse Délégation à l'aménagement du territoire et à l'action régionale (Datar) confiée jusqu'en 1968 au fidèle Olivier Guichard qui excella dans ce poste. Il y avait là une stratégie et une vision, là où nos politiciens contemporains s'épuisent depuis quarante ans en d'illusoires tactiques.

1. François Sureau, *L'Or du temps*, Gallimard, 2020, p. 774.
2. Paul Morand-Roger Nimier, *Correspondance 1950-1962*, Gallimard, 2015.
3. Alain Larcan, *De Gaulle inventaire*, Bartillat, 2020, p. 175.
4. Philippe de Saint-Robert, *De Gaulle et ses témoins*, Bartillat, 1999, p. 39.
5. Xavier Patier, *Demain la France. Tombeaux de Mauriac, Michelet, de Gaulle*, Cerf, 2020.
6. François Sureau, *L'Or du temps, op. cit.*, p. 739.
7. Concernant son père et le général, Jean Mauriac remarquait dans sa préface au *Mauriac et de Gaulle* de Malcolm Scott (L'Esprit du Temps, 1999), qu'ils étaient tous deux « issus de Péguy, Barrès, Maurras ».

LITTÉRATURE

116 | Le petit janséniste
› **Véronique Ovaldé**

124 | Sur qui taper ?
› **Marin de Viry**

130 | Saint-Tropez, jugement dernier
› **Jean Le Gall**

LE PETIT JANSÉNISTE

› **Véronique Ovaldé**

L'auteure de *Personne n'a peur des gens qui sourient* raconte les aventures de Gabriel Itxurralde au XIXe siècle, qui partit au Brésil pour y fonder un phalanstère.

J e ne vais pas pouvoir rester ici bien longtemps, se disait Gabriel Itxurralde alors qu'il n'avait pas encore 7 ans et que sa mère, la lingère du château d'Iranda, près de Bilbao, lui promettait une vie de palefrenier.
En 1859, Gabriel Itxurralde rêvait de l'Amérique.
Pour le jeune Gabriel, le domaine du château paraissait trop protégé et trop familier. Sa végétation et ses collines, ses petits lacs, son air frais descendant des montagnes, son caractère paisible, bucolique, sa situation enviable entre terre et océan plongeaient Gabriel dans la torpeur. Il rêvait de tempêtes et d'héroïsme, il se voyait sauver la marquise d'Iranda d'un incendie, devenir son unique héritier, partir sur les mers et construire un village sur les rives du Colorado.
À 10 ans, il était déjà un petit janséniste, plein de principes, de vertus, et de juste sévérité. Et c'est ainsi que la marquise l'appelait : « Mon petit janséniste ». C'est elle qui lui fit connaître très jeune les ouvrages de Fourier et les articles de Considérant (qu'elle lui traduisait plaisamment).

Il n'avait qu'une compréhension approximative de ce qu'il lisait ou écoutait lire. Quand il était enfant, ce qui lui plaisait le plus, chez Fourier, c'étaient les mers qui deviendraient limonade, « purgées de leur saveur infecte », et la promesse que les crocodiles finiraient transformés en bestioles dociles. Rien de tout cela ne lui semblait spéculatif ou élucubrations littéraires. Il était sûr que ces grands bouleversements étaient liés à la Science. La Science. Gabriel en avait plein la bouche. « Tout cela n'a rien d'utopique, confirmait la marquise, il s'agit de socialisme scientifique. Il s'agit d'ingénierie sociale. »

À 15 ans, il s'avéra qu'il passait plus de temps auprès de la marquise qu'auprès de sa mère. La marquise lui avait fait aménager un cabinet de travail dans la tourelle où bientôt il dormit également. Ainsi il devint une sorte de pensionnaire dans le château d'Iranda. La marquise, sa protectrice, lui trouvait tous les charmes – audace et candeur – de la jeunesse.

Véronique Ovaldé est écrivaine. Dernier ouvrage publié : *Personne n'a peur des gens qui sourient* (Flammarion, 2019).

Comme il finit par se convaincre que les hommes étaient faibles, égoïstes et concupiscents si on ne les éduquait pas suffisamment, et qu'il serait de bon aloi de créer des lieux où l'on fonderait des communautés exemplaires et harmonieuses, la marquise lui conseilla de partir pour le Brésil.

« Observez l'admirable tranquillité dont cet empire jouit et la marche modérée de son gouvernement, comparez son développement à la vie tumultueuse des républiques qui l'entourent et qui sont incessamment déchirées par des guerres civiles, sachez apprécier sa stabilité politique et son respect des droits civiques. Apprenez, mon ami, que le peuple qui l'habite est un peuple au caractère aventureux et au génie commercial inégalé, un peuple qui a su se mêler aux autochtones et qui est parvenu à faire abandonner aux Indiens leur vie nomade et à les faire se déclarer sujets chrétiens du roi du Portugal. Les Portugais n'ont jamais été d'aussi avides conquérants que les Espagnols. Toute cette affaire s'est faite dans une extrême douceur », prônait la folle marquise.

Ce fut donc avec l'aide de celle-ci et avec sa précieuse contribution financière que Gabriel put recruter ceux que l'idée de rénover l'humanité titillait. Gabriel et la marquise les appelaient « les architectes du

Nouveau Monde ». Il fit paraître une revue dans laquelle il parlait de ses aspirations à tous ceux que la marche du monde inquiétait ou indignait. En fait de revue, il s'agissait d'un feuillet recto verso que Gabriel allait lire de village en village à ceux qui n'en étaient pas capables. Il y mettait tout son cœur et toute sa hardiesse, il se faisait chahuter mais sa conviction lui tenait lieu de foi.

En 1875, Gabriel Itxurralde était prêt pour sa grande expédition.

Et le trois-mâts *L'Olimpia* qu'il avait réussi à affréter quitta le port de Pasaia le 12 avril 1875 avec à son bord 51 émigrants (dont des femmes et des enfants) pourvus des passeports nécessaires à l'entrée au Brésil. Des émigrants ouvriers et artisans – cuisiniers, fumistes, forgerons, maçons, imprimeurs, agriculteurs, artificiers, menuisiers, bottiers… Mais aussi un médecin homéopathe, un dentiste, un taxidermiste, un fabricant de piano et un fabricant d'éperons.

Le voyage dura deux mois.

Quand ils arrivèrent à Rio de Janeiro, ils avaient perdu lors de la traversée un homme et un enfant. Mais une petite fille était née sur le navire le trente-deuxième jour de l'expédition. Et son prénom fut bien entendu Olimpia.

Les nouveaux venus furent reçus au Paço Imperial de Rio de Janeiro par l'empereur Pedro II qui leur fit bon accueil – son pays ne comptait pas encore dix millions d'habitants et Pedro II était moins confronté au problème des paysans sans terres qu'à celui de terres sans paysans. L'empereur leur accorda une concession à environ trois cent cinquante kilomètres au sud de Rio de Janeiro.

Des agents du ministère de la Marine les conduisirent sur leur concession. Là-bas, il leur fut expliqué comment cohabiter avec les autochtones, comment s'accommoder de l'humidité et des parasites locaux, et comment pêcher avec succès dans la péninsule. Leur apprentissage se fit en trois jours. Puis les émissaires de l'empereur remontèrent dans leur bateau à vapeur et les abandonnèrent sur leurs nouveaux rivages.

Soulagement et enthousiasme marquèrent cette première période. On organisa la distribution des semences, des outils, de la poudre, de la quinine et des provisions, et on installa des couchages provisoires dans les abris des pêcheurs de baleines.

Gabriel, directeur de la colonie, mit tout le monde au travail. C'était là le secret de l'harmonie, pensait-il. On défricha les terres, on construisit des ponts pour enjamber les cours d'eau dans les collines, on installa la scierie, le four à pain, et surtout on planta les fondations de ce qui devait être le cœur même de la colonie, le phalanstère circulaire rêvé.

Tout semblait parfaitement se dérouler.

Jusqu'à la première affaire de mœurs.

Marquez, le boulanger de la colonie, avait une fille de 13 ans, Mirabela, que nous pourrions qualifier aimablement de simplette. Elle aimait à se promener nue sur la plage pour ramasser des coquillages et pêcher des baçinas, un mollusque assez proche de l'ormeau qui pullulait dans la mangrove.

Et ce fut l'impudeur de la jeune Mirabela dont argua pour sa défense Gustavo Derria, le maçon. « Je n'ai fait que me soumettre à la nature. » Cet événement fut la première désillusion de Gabriel quant aux dispositions de ses valeureux colons. La jeune Mirabela était rentrée chez elle et avait accusé le maçon de l'avoir violée et molestée. Son père était allé venger l'honneur ou du moins l'innocence bafouée de sa fille armé de son couteau de boulanger. Il avait cisaillé avec une application remarquable la main droite de Gustavo Derria, qui, quand il avait repris connaissance, avait crié au scandale. Et avait demandé à ce que le boulanger Marquez lui versât en compensation une allocation en pain, viande et poisson, puisqu'il ne pouvait plus exercer son activité et qu'il se retrouvait à n'être d'aucun secours pour le bien de la colonie.

Quelle déconvenue pour Gabriel. Lui qui pensait que si les hommes cohabitaient en petites communautés non hiérarchisées ils pouvaient vivre en bonne intelligence.

La deuxième déconvenue fut liée aux intempéries. Il plut pendant quarante-deux jours d'affilée. Les indigènes laconiques sirotaient leur maté à l'abri sous les palmes des palétuviers. Ils supportaient l'ennoiement en se juchant sur les racines aériennes et, depuis leur perchoir, regardaient les compagnons de Gabriel s'activer et tenter de sauver leurs plants en pataugeant dans la gadoue. La pluie émettait un son plein et régulier en tombant sur le sol déjà gorgé d'eau. On avait l'impression que la totalité du paysage pourrissait à vue d'œil.

La troisième déconvenue résulta de la consommation d'alcool. Les Indiens fabriquaient une liqueur de noix de coco vertes qui monta trop vite à la tête de nos émigrants. Ils avaient commencé à se soûler durant la longue période de pluies. Puis le soleil était revenu, ou plutôt la pluie s'était arrêtée parce que le soleil, lui, n'était pas revenu, il avait commencé à faire brumeux, on se serait cru dans l'un de ces pays où il ne fait pas jour de l'hiver. En tout état de cause, les compagnons de Gabriel n'avaient pas cessé de boire.

Gabriel se plaignit dans son journal de la douleur que représentaient pour lui cet abandon et ce désir de jouissance facile, cette façon dont les hommes s'étourdissent, poussés par leurs instincts animaux. Pour sa part, il avait toujours été d'une sobriété et d'une abstinence inconditionnelles. Il écrivait que s'il avait eu plus de temps il aurait mieux sélectionné les colons qui l'avaient accompagné. Il les aurait choisis jeunes, innocents, encore non formés. Mais le recrutement avait été contraint par les réalités de cette région archaïque qu'était la Biscaye dans la seconde partie du XIXe siècle. Il avait dû faire, écrivait-il, contre mauvaise fortune bon cœur. Et il le regrettait amèrement. Il avait désiré favoriser chez chacun son plein développement en fonction de ses passions et de ses attractions – des attractions proportionnelles à sa destinée, avait-il toujours répété. Et voilà le résultat. Des ivrognes et des lascifs.

« Quelle déception, écrivait-il dans son journal. J'aurais mieux fait de créer une communauté exclusive de femmes. Les femmes sont plus raisonnables et plus laborieuses. Moins susceptibles de se laisser aller. Et moins imaginatives quand il s'agit de trouver le chemin vers leur propre perte. J'ai toujours pensé que les femmes sont le moteur fondamental de tout changement social. Mais qu'aurais-je pu faire d'une communauté de femmes ? C'eût été comme de façonner une créature stérile. Je voulais fonder, en venant ici, un ordre économique et domestique caractérisé à la fois par la juste rétribution des efforts, la libre expression des passions individuelles et l'évolution des mœurs. Et nous voilà en si peu de temps pris dans les mêmes affres que ceux dans lesquels tous ces hommes étaient enferrés sur le Vieux Continent. »

La situation prit un tournant déplorable quand Derria, le maçon manchot, tomba sur le journal de Gabriel. Derria, désœuvré, errait la majorité du temps dans la colonie et minait le moral de tout le monde en indiquant comment il aurait fallu s'y prendre pour construire plus vite et plus solidement le phalanstère. Un jour, il trouva le journal de Gabriel que celui-ci laissait sur sa petite table à cause de la confiance partisane en l'honnêteté de chacun qui le caractérisait. Disposition que Derria avança d'ailleurs pour sa défense : « Il ne cachait pas son journal parce qu'il n'avait rien à cacher. Et s'il n'avait rien à cacher alors je pouvais le lire. » Il lut donc et s'indigna des passages où Gabriel se plaignait des colons en se laissant aller à regretter de ne pas les avoir plus intelligemment recrutés.

Derria subtilisa le journal et en fit une lecture le soir même dans la maison commune. Ce soir-là, Gabriel était absent. Accompagné de deux des charpentiers, il était parti négocier du bois sec auprès du représentant des autochtones. Quand Derria cita les passages où Gabriel se plaignait de ses compagnons, la déception et la consternation régnèrent dans l'assemblée. La confiance que les colons avaient accordée à Gabriel, déjà fragilisée par les incidents passés, se retrouva sérieusement mise à mal. Certains prirent malgré tout son parti en stigmatisant les mauvais comportements de Derria face à l'engagement sans faille de Gabriel. D'autres, plus prompts à tourner casaque et à remettre en question celui en qui il voyait un messie hier encore, se rallièrent à Derria. L'ancien maçon était à la fois assez agressif et rusé pour paraître l'homme de la situation.

Gabriel apprit la scission dans la nuit quand le boulanger Marquez vint lui rapporter les événements.

Là, les choses se précipitèrent.

Gabriel convoqua le lendemain une réunion de crise. Il voulait apaiser les tensions en laissant chacun exprimer son désaccord. La parole, ainsi libérée, permettrait de raviver l'ardeur des colons. Gabriel, qui avait toujours eu le pouvoir de les rassurer, les laissa donc évoquer le découragement et l'angoisse que faisait naître en eux le manque d'autonomie alimentaire.

Mais Derria, qui attendait son heure, intervint alors : « Le temps des promesses est révolu, Gabriel Itxurralde. Et ton bilan est désolant. Aucun de nous n'est responsable de la situation. C'est toi qui nous as entraînés ici, dans cette région où lorsqu'on défriche une clairière le lundi, la jungle a déjà repris ses droits le mardi. La scierie ne fonctionne pas, la briqueterie n'est toujours pas construite et le phalanstère ne sera visiblement jamais édifié. Nous avons quitté un quotidien fait de privations, de misère et de conflits. Et nous avons souffert ici encore une fois de la faim et d'un travail harassant et stérile. Nous voulons quitter cet endroit et être remboursés de tout ce que nous avons engagé dans cette expédition. Nous savons que des Allemands et des Italiens ont hérité de terres plus ingrates encore que les nôtres et que leur colonie prospère plus au Nord. Il semblerait donc que ton système ne fonctionne pas le moins du monde. Pour cette raison, nous te démettons de la moindre autorité sur nous. »

Impossible de savoir d'où venait cette idée que d'autres colons avaient prospéré dans les environs, mais elle fit son effet sur la petite communauté.

Gabriel voulut parler pour sa défense mais Derria le bouscula et lui dit qu'aucun d'eux n'écouterait plus une seule des paroles fallacieuses et charmeuses avec lesquelles il les avait embobinés. Aussi Gabriel sortit-il, accompagné de trois de ses fidèles : il venait enfin de comprendre que c'en était fini de son rêve d'une société peuplée d'hommes d'une indéfectible loyauté. La virulence de Derria et le fait que la communauté donnait son aval à celui-ci avaient achevé de le défaire. Il fallait se rendre à l'évidence. C'était son désir qui avait été démesuré. Et c'était son désir qui avait échoué.

Il avait cru que ce qu'il pouvait offrir aux hommes leur serait favorable mais sa ferveur maniaque – car au fond comment nommer la chose plus précisément ? – leur avait été aussi bénéfique que du mouron rouge aux petits oiseaux.

Il marcha sur la plage au nord de la mangrove sous la lune pleine. Enveloppé dans le clapotis aimable de l'océan, qui ne faisait pas plus de bruit qu'il n'en fallait afin de ne pas interrompre sa rêverie, il médita en piétinant son ombre, en la balayant avec le pied comme si la balayer et modifier les dunes allaient réformer son présent.

La rêverie de Gabriel ressemblait à l'attente d'un homme dans une antichambre. Alors il s'arrêta un instant pour se délecter à loisir de son échec puisque, à certains moments, il ne vous reste plus que ce plaisir-là. Il se dit qu'il aurait mieux fait de prendre femme et de rester dans le domaine d'Iranda, il se dit qu'il aurait mieux fait de jouir de la vie, de ne pas être aussi chaste, de ne pas lire pendant que les autres jouaient, il aurait mieux fait d'être plus impliqué dans le monde qui l'environnait directement et il aurait ainsi réussi à prendre la mesure du travail qu'il s'évertuait à accomplir. N'aurait-il pas dû se contenter d'offrir quelques cours d'histoire des idées aux ouvriers agricoles ? Tout aurait été si simple. Il s'octroya une rumination pleine de complaisance et de regrets comme on s'accorderait une dernière faveur. Il reprit sa marche dans le sable doux et frais qui abritait tant de crabes venimeux. Il hésita à faire le lendemain une déclaration publique mais il fut soudainement pris de cette tendance qui, pendant les sales heures de la nuit, lamine jusqu'au meilleur d'entre nous : la tendance à l'à-quoi-bon. Il rentra à petits pas jusqu'à sa masure. On le retrouva pendu le lendemain à un manguier.

Les trois fidèles itxurraldiens repartirent avec leur famille au plus tôt pour Rio de Janeiro dès qu'un bateau à vapeur passa au large. Ils se dispersèrent, mais restèrent au Brésil où ils vécurent plutôt paisiblement.

Il semble que Derria tenta de prendre le pouvoir sur la colonie mais n'ayant aucune possibilité de faire revenir ses compagnons jusqu'en Espagne il perdit leur confiance. Il mourut d'un abcès quelques mois après la mort de Gabriel – l'un des fidèles repartis pour Rio était, comme c'est fâcheux, le médecin de la colonie. Des jésuites arrivèrent quelque temps plus tard tandis que les émigrants se mêlaient finalement à la population autochtone, certains s'installant même dans les fondations ruinées du phalanstère et devenant pêcheurs pour la majorité d'entre eux. Ils fondèrent un village qu'ils appelèrent Itxurralde, ce qui montre il me semble que l'existence qu'ils menèrent sur ces rivages ne fut finalement pas aussi navrante qu'elle avait commencé.

SUR QUI TAPER ?

› **Marin de Viry**

En cette fin 2020, une question traverse les esprits français : sur qui taper ? Certes, cette interrogation a l'air rustique, voire brutale, et n'a rien d'une élégante problématique de think tank. Mais si ce que nous voyons est vrai, c'est-à-dire la guerre de tous contre tous, l'absence de respect pour l'adversaire, la violence comme solution, l'interruption indignée comme méthode normale de discussion, les pleurnicheries comme arguments, l'accusation comme préalable à la communication, la haine qui ne se justifie ni ne s'excuse, l'absence d'esprit et de capacité d'arbitrage, la spirale de la dévaluation des prestiges, la trouille de l'explosion sociale, la foire d'empoigne des médias, les grèves pour rien, les dérapages déontologiques tous azimuts, l'esprit de mépris qui rend l'esprit d'examen impossible, l'oblitération de la sympathie par esprit de système, le côté bête blessée et acculée de quantité de minorités sociales, sexuelles ou ethniques réchauffées dans une adversité imaginaire, les colères enfantines prises pour des raisons, la frustration devenue synonyme d'injustice insupportable, les responsables peureux et les irresponsables enhardis, l'étudiant qui milite avant d'apprendre et le professeur qui s'excuse avant d'enseigner, bref, si l'on égrène toutes les raisons actives et passives pour que la violence se déchaîne, on a un peu l'impression que ce pays est un chaudron public composé de petits morceaux de différentes modalités de haines, qui menacent et sont menacés, qui ont peur et font peur. Là-dedans, il n'y a plus de force, il n'y a que de la violence. La force, c'est d'employer la violence à une fin connue. La violence, c'est de ne pas savoir à quoi employer la brutalité qu'on exerce, à part au plaisir d'avoir battu l'adversaire. C'est ce plaisir-là qui est à l'œuvre dans les violences verbales et physiques entre hommes-femmes, Noirs-Blancs, juges-justiciables, journalistes-invités, responsables politiques-militants, managers-managés, entreprises-clients, médias-médiatisés : si tu me croises, prends garde à toi. Il va bien falloir, hélas, que cette violence prenne une tournure réelle, que quelqu'un ait le dessus, car ni le foot, ni les jeux vidéo, ni les débats sur les chaînes d'infos, ni la vie politique normale ne sont des canaux assez larges pour la contenir. Quant à l'exode vers la campagne, elle n'absorbera pas le flot de ceux qui voudraient fuir l'absurde. Le XIXe siècle était celui de la « haine impuissante », du jaloux sans espoir. Le XXe, celui de la haine impuissante passée au stade violent, et le XXIe siècle, celui de la haine comme fonds commun de l'état d'esprit normal.

Cette haine peut trouver un apaisement local ou global. Local, c'est taper en petit. Global, c'est taper en grand. Micro-taper sur son adversaire de proximité, macro-taper sur l'ennemi de l'unité nationale.

Marin de Viry est critique littéraire et enseignant en littérature à Sciences Po. Dernier ouvrage publié : *Un roi immédiatement* (Pierre Guillaume de Roux, 2017).
› marininparis@yahoo.fr

Micro-taper longtemps, car le voisin haïssable sera toujours là, ou macro-taper un grand coup et une bonne fois, pour en finir. La guérilla ou la croisade. La guérilla étant déjà largement établie, nous sommes face à la marche de plus à franchir, à l'hypothèse de la méga violence. La crise mimétique de l'ensemble de la société pourrait vouloir passer par une phase solennelle de sacrifice. Quelqu'un, quelque chose, quelqu'un représentant quelque chose doit y passer. Les temps chrétiens où c'est en chacun que se faisait la renonciation à la violence sont terminés. Nous n'avons peut-être plus qu'un moyen de retrouver l'unité : concevoir, désigner, condamner, déclarer la guerre et vaincre un adversaire commun. Nous parlons de taper pour conquérir, comme on enfonce les portes d'une grande cité adverse dans l'histoire des cités antiques. Retrouver le « nous » passe par l'immolation… à condition qu'il existe un « nous » quelque part, bien sûr. Or, rien n'est moins évident. On a déjà essayé de mobiliser contre les Américains, mais la part de marché d'« Alerte à Malibu » a augmenté. Contre les Allemands, mais ils étaient déjà vaincus. Restent des ennemis contingents, comme Erdoğan, dont le standing est suffisant pour embêter la France, mais pas pour ressusciter son unité ; surtout, reste le « séparatisme ». Il semblerait que « nous » soit un autre, se dérobant éternellement. C'est pourquoi l'option du gouvernement – lutter contre le séparatisme – paraît étrange. Un jour viendra, couleur d'orange, où il aura été vaincu, dit-il. Mais ce n'est pas parce que nous aurons vaincu ceux qui se séparent de nous que nous serons de nouveau unis. L'unité dans la diversité ne s'obtient pas seulement en luttant contre les extrémistes. La République heureuse, sûre d'elle-même, qui rend fière ceux qui lui appartiennent, ne sera pas obtenue d'un coup par la réduction des capacités d'action des mollahs hagards qui pourrissent la vie de tout le monde. En cas de succès, nos vies seront moins pourries par les mollahs, certes, mais serons-nous unis pour autant ? Certainement pas.

À cette remarque, on pourra ajouter que la société française est devenue si profondément éclatée qu'il lui sera impossible de trouver un ennemi commun, un bouc émissaire passable, un vaincu dont la dépouille fabriquerait l'unité. Et objecter aussi que ce que l'on appelle l'américanisation de notre société, c'est justement de pouvoir vivre durablement dans la haine et la compétition entre communautés ethniques, politiques ou culturelles, sans compromettre l'équilibre social d'ensemble. Tant que la haine reste privée, tout va bien. Qu'elle soit générale n'a aucune importance, pourvu qu'elle reste privée. Dans le scénario américain, s'ouvrirait une longue période de conflits claniques que seule la trouille d'un Attila contemporain pourrait faire cesser – et encore, il y a toujours des gens pour trouver Attila formidable.

Petit espoir, espoir tremblant : en France, nous sommes plus tendres et romantiques que dans le modèle américain, car nous voudrions nous aimer généralement, nous aimer tous. La tendresse des effusions fraternelles – nuit du 4 Août, Fête de la Fédération, libération de Paris – est un trésor émotionnel que nous mettons au sommet heureux de la mémoire collective. Le roi fait la bergère reine, l'aristo boit un coup et abolit les droits féodaux, Henri IV change de religion pour calmer le jeu, le tiers état devient tout l'État, etc. Le mariage de chacun avec tous est sentimental, dans ce pays. Rien à voir avec le patriotisme constitutionnel, idée de gauche que personne n'a jamais rencontrée chez un être vivant de nationalité française, ou le nationalisme, idée de droite d'où le bonheur, l'intelligence et l'humour sont trop absents pour rassembler vraiment. Le plaisir d'être ensemble, ou rien. C'est probablement sur cette nostalgie de la tendresse fraternelle, ou sororale, soyons large, qu'une véritable politique d'identité devrait jouer. L'idée appliquée : j'ai très envie que les jeunes des banlieues manient le conditionnel passé deuxième forme dans des phrases sublimes de poésie sur la condition humaine périurbaine, et les jeunes de banlieue ont très envie d'avoir les mêmes opportunités que celles que j'ai eues quand j'avais leur âge. C'est une base de discussion, d'échange, de fabrication d'anticipations positives croisées, sur laquelle on peut bâtir de la fraternité. En revanche, s'ils veulent me piquer mon carnet d'adresses et le fruit de mon travail, et moi les assigner à résidence sociale et géographique, on va continuer *ad nauseam* à faire du NTM contre FN, et ça fait quarante ans que ça dure. Des petits monstres antifas contre des imbéciles profas : non merci, pitié. Quand nous parlons de fraternité, il ne s'agit pas de cette tendresse furtive, festive, bruyante et naïve qui consiste à lâcher des ballons, des colombes, et à tutoyer tout le monde (avant de s'envoyer à la guillotine, parce que nous sommes en France). La fraternité n'est pas le relâchement des apparences et des manières, voire le faux nez des envies. La fraternité n'est pas cool. La fraternité, c'est aimer les qualités de l'autre et lui en témoigner de façon concrète, sachant qu'il va en user de même et sur la base du même sentiment, et qu'ainsi nous vivrons bien ensemble. La fraternité, c'est l'extension du sentiment familial à la population entière. Pour être élus à la famille de chacun, il faut que tous les Français soient aimables.

Taper sur ceux qui veulent taper me semble la réponse la plus raisonnable. Ceux qui s'excluent de la fraternité car ils n'ont aucune qualité aimable à laquelle peuvent s'attacher leurs compatriotes, mais n'ont que des sentiments agressifs à partager sous forme de violence, me paraissent une bonne cible. Tant que l'État a encore le quasi-monopole de la violence létale, il est bon qu'il lutte contre le séparatisme. Réprimer sévèrement la violence serait encore mieux ; quant à lutter contre l'absence de qualité, voilà qui aurait un peu de gueule politique, qui changerait. Un programme de lutte contre l'absence de qualité, voilà ce qu'il nous faut. La répression de la violence et la lutte contre le séparatisme, c'est bien, mais c'est surtout contre le vide qu'il faut lutter. Pas le vide abstrait, mais le vide concret, le vide qui est passé à l'action. Ce vide à l'œuvre, ce vide agissant, c'est cette tentation de fabriquer du son et de l'image à la place d'un discours, ce refus d'agir, cette passivité agressive qui semble vouloir être constamment materné et en être constamment insatisfait, ce désir de dépendre et ce refus de l'admettre, cette intransitivité, cette renonciation à l'action. Il n'y a rien à sauver : il nous semble que c'est la formule la plus partagée. Son corollaire : il est inutile de rester en vie intellectuelle, d'écouter, de comprendre. L'abolition générale de la fonction critique a été décrétée sous la dictature de la haine. Car critiquer, c'est faire l'effort de suspendre l'affection qu'on a pour son objet afin de mieux le comprendre. Sans cette référence à l'amour qu'on pourrait avoir ou que l'on a pour son objet critiqué, sans cette technique spirituelle qui est de renoncer provisoirement à l'affection qu'on a pour son objet afin de le retrouver plus lumineux, éclairé par l'intelligence, la critique est vide. Critiquer, c'est être provisoirement froid pour rester durablement chaud. C'est prendre le risque d'aimer ce qu'on examine. Perdu, fini, terminé : critiquer, c'est devenu l'extase de prononcer une condamnation, à l'échelle industrielle. Chacun le sent : se réveiller à Paris, c'est entrer dans une danse du canard de la méchanceté, s'accrocher à un serpentin grotesque de méchants contents. Ce qui nous relie est la haine. Elle est devenue le vecteur de la sympathie. C'est un peu comme dans un salon snob, mais moins le salon et moins les snobs. Nous aimons lire la panique dans les yeux des autres, ne connaissons que la satisfaction d'avoir exécuté notre adversaire. Fabriquer du politique passe d'abord par retrouver de la politesse, cette distance respectueuse vis-à-vis de soi et vis-à-vis des autres. La politesse est une discipline. La discipline est une contrainte. De nos jours, il faudrait l'imposer de force. Pour que l'intelligence revienne dans ce pays, il nous paraît de bon sens d'imposer la politesse, en assumant que cette contrainte pourrait être violente.

SAINT-TROPEZ, JUGEMENT DERNIER

› **Jean Le Gall**

I l faut imaginer un chemin étroit qui dégringole de manière enivrante sous le soleil, passe au bord des agaves, des lauriers et des chênes-lièges en goûtant leurs parfums, contourne des villas restées en arrière-plan, rétrécit encore dans un faux plat tapissé d'aiguilles de pin, avant de s'ouvrir sur une plage blonde et bleue du golfe de Saint-Tropez.

On appelle cet endroit Les Treilles de l'Escalet. On y compte une trentaine de maisons à flanc de colline, et l'une d'entre elles vient d'être achetée par mon ami Armand. Un quadragénaire comblé et fringant : ses affaires ont beaucoup progressé ces dernières années, ses amours aussi. Cela lui va bien au teint. Seules ses automobiles tournent mal. La veille, me dit-il, il a perdu une roue de sa Bentley Continental. Oui, la roue arrière gauche de sa voiture s'est détachée, comme ça, sans prévenir, alors qu'il roulait à tombeau ouvert au milieu de la nuit. Une chance que la Bentley fût dotée de la « technologie embarquée », s'immobilisant aussitôt sans dévier de sa trajectoire. Par chance aussi, une Ferrari suivait. Son conducteur s'est arrêté pour lui prêter secours. Pris dans son élan, l'homme providentiel a même dissipé l'embouteillage et la pluie d'insultes qui menaçaient. Dans ce monde d'égoïsmes, les solidarités de classe sont trop rares pour être dédaignées.

Visiblement heureux de me voir enfin arrivé, Armand me presse vers l'embarcadère en contrebas. J'ignorais qu'il avait un permis bateau, un bateau et même le goût de la navigation. Certes, il ne s'agit là que d'un semi-rigide de location (4 000 euros la semaine) dont il se servira jusqu'en septembre pour mieux atteindre ses restaurants préférés. Nous avons rendez-vous à l'heure locale du déjeuner (15 heures) dans une crique voisine et, en chemin, il me montre du doigt les propriétés qui défilent au premier rang. Enkystées dans la roche, elles sont plus ou moins flamboyantes selon le tempérament de leurs propriétaires. J'entends les noms de Hedi Slimane, de Lindsay Owen-Jones, puis celui d'un couple de galeristes qui a fait installer des œuvres tubulaires sur la pelouse synthétique – le commun des observateurs y verra un échafaudage pour entreprise de peinture. Je note que ce voisinage fortuné amuse Armand plus qu'il ne le flatte ; il n'a pas changé, et c'est heureux.

Jean Le Gall, également directeur des éditions Séguier, est notamment l'auteur de *Les Lois de l'Apogée* (Robert Laffont, 2016) et de *L'Île introuvable* (Robert Laffont, 2019).
› jean.legall1@gmail.com

Une fois à destination, je constate (avec lui) qu'il ignore comment manœuvrer son embarcation. Le vent s'est levé et jeter l'ancre devient une grande affaire. Mais son impatience est telle que déjà il appelle le Zodiac du restaurant et épelle le nom de sa réservation, son autre main tournant le volant dans des directions toujours contradictoires à son plan général. À table, nous attendent deux couples. Ils sont d'ici, de Saint-Tropez. Enfin, ils ont aussi des affaires à Megève et à Paris. En cet été 2020, la Covid fait des dégâts et on se désole de l'absence de la « belle clientèle ». Alors on se souvient du bon vieux temps, des fêtes et des anecdotes. Christian Audigier a marqué les esprits. Son énergie naturelle s'accordait semble-t-il assez bien à ces stimulants qui vous dessillent les yeux et vous ouvrent la perception. Le nez bien pris, le corps en surchauffe, le légendaire Christian était capable de tout et même de montrer « sa bite refaite » à table. Mais avec ça, jurent-ils, c'était le mec le plus généreux de la terre. Depuis son yacht, il jetait des fringues de marque aux badauds qui passaient sur le port. « Il aimait les gens. » Le poisson est maintenant servi. Suivent les blagues de cul : je tente d'y prendre ma part mais je manque un peu de pratique depuis les années de fac. Ça reviendra. On me demande ce que je fais dans la vie. « Éditeur », ça ne dit rien à la tablée. Je clarifie les idées et dois distinguer ma profession de celle de l'imprimeur. Les bouteilles de rosé tombent. Je comprends que leur consommation ordinaire s'entend en magnums et en « petites sœurs ». Comme au camping.

Nous repartons. La mer s'est creusée. Elle n'était pourtant qu'un long lac muet il y a trois heures. Nous prenons les vagues d'une étrange façon : de face. Plus loin, à notre bouée d'amarrage, Armand se loupe. La corde s'enroule salement dans l'hélice. Il plonge régler le problème mais son apnée ne vaut pas mieux que la mienne : cinq secondes sous l'eau nous mettent au bout de la vie – ces trois petites lettres qui se disent d'un souffle.

Sitôt déposés au port, je vois Armand monter à sa maison comme un cabri ; là il tire une rafale de coups de fil, se mêle distraitement à une conférence téléphonique professionnelle, réserve une table sur une oreille, passe des ordres à son employé de maison, actualise son Instagram, ajuste sa frange noire dans le reflet d'une paire de ciseaux puis exerce, de manière appuyée, une caresse sur la tête de son chien. Je le regarde en personnage, un personnage qui enjamberait les cases d'une bande dessinée. Le lecteur grossièrement cultivé le confondra plus volontiers avec *L'Homme pressé* de Paul Morand. Une erreur selon moi, dans la mesure où le héros de Morand jouait sa partie contre le temps… quitte à tout gâcher, les plaisirs y compris. Armand, lui, gaspille ses joies avec une prodigalité alarmante.

Nous voici maintenant invités au restaurant italien du Byblos, à l'anniversaire d'une Monégasque dont on ne saura jamais l'âge. Son amant ne craint pas le cancer de la peau. Il est enfoncé dans un jean blanc Jacob Cohen et sa chemise très cintrée nous le montre dans une belle condition physique. Il a tout organisé et même choisi la bande-son de l'événement. C'est lui, d'ailleurs, qui intime tout à coup aux femmes de se lever pour danser ensemble sur une musique brésilienne électrifiée. Ce qu'elles font, docilement. Malhabilement. Leurs bouches refaites n'ont rien de restaurées et, sous la lumière pâle des lampions, nous les voyons gênées dans leurs corps d'une insoutenable sécheresse. La vedette du soir a le ventre serré jusqu'au dernier ardillon de la boucle. J'avise son assiette à laquelle elle n'a pas touché. Dîne-t-elle de cauchemars ? À côté de moi, une ancienne présentatrice de la Roue de la fortune, plus vivante et plus en chair, s'ennuie officiellement. Elle menace de ne pas rester jusqu'à la remise des cadeaux. Vient vite son départ puis celui d'une majorité des invités. Les fameux cadeaux, jamais ouverts, sont déplacés à toute vitesse d'un débarras vers le coffre d'une voiture. Celle-ci démarre en faisant gronder son moteur, nous laissant seuls sur la terrasse abandonnée ; Armand éclate de rire.

Le lendemain matin, la maison m'apparaît plus belle, toute tendue d'un blanc que l'on prendrait pour de la chaux. La vue depuis la terrasse offre la déclinaison classique des cartes postales. La baignade matinale enlève Armand à ses téléphones et occupations. Quoique mauvais nageurs, nous pouvons voir avec nos masques les sars, bogues et girelles que la disparition progressive des pêcheurs du bord de mer laissera à jamais tranquilles. Mais il est déjà question d'un déjeuner immanquable, cette fois-ci sur une plage privée à Pampelonne.

Sur la route, son téléphone sonne, c'est Bercy qui appelle, il est question d'une grande société en difficulté, d'une offre à déposer dans les vingt-quatre heures, des milliers d'emplois sont en jeu, Armand évoque sa stratégie, discute aussi avec le voiturier, donne un pourboire, demande la meilleure table, remet en cause la communication gouvernementale, lâche son analyse sur les plans de reprise concurrents, opte pour une bouteille de minuty, la grande, celle avec le goulot bleu, salue un gérant de boîte de nuit, raccroche avec le cabinet du ministre.

Encore ce foutu rosé. Le succès mondial du rosé, je l'ai déjà signalé ailleurs, c'est la preuve que rien ne s'est passé comme prévu. Il coule ici à flots, toujours les mêmes étiquettes, ce même goût de flotte sucrée opportunément conçu pour une clientèle qui le demande « clair, très clair : minéral ». Armand me reproche mon snobisme. À côté de nous, déjeunent un ancien dirigeant de club de football, un publiciste, ainsi qu'une journaliste politique du service public. Je m'attarde sur elle, sur son élégance tout à fait inactuelle qui la sauve du désastre général. Des enfants les accompagnent. J'entends qu'ils « ne veulent pas manger des animaux ». Les deux coudes sur la table, Armand se confie : « J'ai la chance, assez banale en somme, de travailler dans un secteur qui fonctionne. » Ce n'est pas une crânerie. Lorsqu'il a échoué comme lorsqu'il a réussi, ce fut avec l'excuse du hasard. Un nouvel appel sur son téléphone interrompt notre discussion. Mon regard revient vers la journaliste qui rit aux éclats en basculant sa tête en arrière. L'élégance que j'évoquais à l'instant dégouline dans son assiette. Le propriétaire du restaurant vient ensuite nous saluer. Lui aussi constate la baisse terrible de fréquentation. Il est vrai que les transats devant nous sont rarement occupés, eux qui se réservaient jadis comme des sièges de théâtre (la comparaison est mal choisie). « Cette saison 2020, nous dit-il, il va falloir la faire avec le canif entre les dents. » Le dessert arrive, il est offert par la maison. L'addition qui l'accompagne se montre si élevée qu'elle en est ridicule. Nous n'avons mangé que des choses ordinaires, d'une exécution oubliable, dans un décor quelconque. Armand : « Je suis d'accord. 50 balles la feta au miel et le houmous de Ramatuelle, c'est du vol. Mais il faut voir la réalité des rapports marchands, sans tabou. Partout on surfacture les riches… Avec leur consentement implicite! Parce qu'ils préféreront toujours ça aux impôts. Mais les riches, eux, n'auront jamais que les autres riches pour s'enrichir. Ça s'appelle d'ailleurs la vie des affaires, où un riche en vole toujours un autre. Par conséquent, il faut voir les riches comme ils sont. En vérité. Les riches sont les grands niqués du système! » Très vite la musique électro inonde la paillote, sa décoration chic & conne se met à trembler, une voisine arabe complimente la montre en or rose d'Armand, la chaleur gèle les paroles dans ma bouche, et moi, eh bien je rêve de la Creuse hors saison.

Le soir vient de tomber, nous dînons dans le vieux Saint-Tropez. Un homme passe, déguisé en Cruchot/Louis de Funès. Ses singeries lassent les habitués qui le repoussent gentiment. Quelques photographies, accrochées plus loin par des pinces à linge, rappellent les gloires de Brigitte Bardot, Françoise Sagan. D'autres disparues ou recluses pendent sur la même ficelle. L'archéologie d'un lieu et d'un éventuel malentendu.

« Que faites-vous dans la vie, me demande-t-on encore.

– Je suis éditeur.

– De meubles ?
– De livres.
– Ah tiens. »

Mon autre voisine : « Les livres sont écrits trop petit pour les yeux. C'est incroyable ça. Il faut le dire aux écrivains ! » On me questionne néanmoins sur les romans dont l'action principale se déroulerait à Saint-Tropez. Je cite le *Ramatuelle* de Pierre Bourgeade et bien sûr le célèbre livre de Christopher Frank, *L'Année des méduses*, qui ne se révèle célèbre que dans les bas-fonds de mon imagination. Nous marchons ensuite vers les plages. Un chat en poursuit un autre. Une Tropézienne a mis sa table sur le trottoir, un dîner se termine avec ses amis, le digestif est servi sur la nappe cirée. J'aperçois derrière eux un calendrier au mur et même un vieux téléviseur. Ces gens-là, pourtant, ne sont pas payés par l'Office du tourisme.

Le jour d'après, Armand prend des nouvelles de sa Bentley. Toujours pas réparée. Quant à la Ferrari, elle n'est pas prête non plus. Le réparateur a un problème avec la sellerie Hermès. Cela tombe mal pour son séjour prévu la semaine prochaine en Italie. Il prévient aussitôt sa compagne, restée à Paris, qui propose son SUV : « Que l'on soit clair, chérie : pas de Portofino cette année si c'est pour s'y traîner en Volkswagen ! » Nous tentons une nouvelle sortie en bateau. Cette fois-ci, le jeune employé du port anticipe notre nullité et défait les cordes et amarres si mal nouées. Le regard jamais levé, il a, je crois, honte pour nous. Armand allume la sono et nous voici coupant la mer en compagnie de Shirley Bassey. Quelques minutes plus tard, face à la plage de la Bastide blanche, nous surprenons un bateau aux lignes racées, d'une irréalité adorable, si loin en tout cas des yachts plastifiés qui ont envahi la baie. J'apprends par Armand que le *Paloma* est la propriété de « l'actionnaire de mon actionnaire ». Ma maison d'édition et ce magnifique navire appartiennent donc à la même personne… C'est idiot, mais cette information me rassure.

Nous jetons l'ancre un peu plus loin, dans une crique épargnée par la masse des plaisanciers ; toutefois, un autre semi-rigide arrête son moteur à côté du nôtre. Une femme le conduit. Elle se libère de sa casquette et retouche au nœud dans ses cheveux. Nous recevons sa beauté comme un coup de poing entre les yeux. « Vous avez vu les méduses ? » nous prévient-elle en brisant nos songes. D'un doigt très sûr, elle nous montre le grand miroir d'eau sous lequel s'enfoncent, en taches blanches, des centaines de capuchons flasques. Elle abandonne sans tarder son projet de baignade et redémarre. Foutues méduses.

Plus tard, nous nous arrêtons à un distributeur bancaire. Armand doit retirer de quoi payer son jardinier. Je n'avais pas idée de ce que le talent horticole coûte ou rapporte. Comme il retire 6 000 euros et que la banque les lui donne par billets de 20, une file d'attente s'accumule dans son dos où l'on commence à croire à un dysfonctionnement miraculeux. Un jeune Maghrébin en claquettes interpelle Armand tandis qu'il enfonce une ultime poignée de billets dans son pantalon : « Oh Frérot ! Putain, c'est quoi ton secret ? ! Hamdoullah tout le pognon que t'as pris ! »

Vient cette soirée du 30 juillet évoquée avec une certaine insistance par Armand. L'un de ses clients réunit chez lui amis, conseils et collaborateurs pour fêter une année pleine de succès, et le succès, on l'imagine, n'a ici qu'une seule nature. La maison longue et blanche est juchée au plus haut d'une colline, et seule la terrasse s'extrait de son étreinte artificielle avec la verdure. Au pied de l'escalier, un homme fort et sec passerait pour une statue. « La mode de cet été, m'assure Armand, ce sont les gardes du corps. Tout le monde en a un. » Notre hôte, dans la quarantaine lui aussi, en a deux. Nous le découvrons en haut de l'escalier où son accueil est immédiatement chaleureux. Il s'appelle Jérôme. Dans son dos, je vois le ciel qui se corne et se vide. Le mauve ecchymose du crépuscule. Armand virevolte déjà autour de la table quand je prends place à côté d'une jeune fille et de son compagnon. Notre conversation ne s'enlisera pas dans le « beau littéraire » mais dans la « fin du monde ». L'écologie les préoccupe autant que la cocaïne – leurs mâchoires jouent comme celles des poupées mécaniques. Après une rapide introduction sur la souffrance des coraux, la jolie Eva entreprend de m'intéresser aux sangliers qui auraient profité du confinement pour occuper le littoral. Or, certains spécimens ont tendance à traverser la départementale en dehors des passages piétons. « Trois jours, tu te rends compte, qu'une bête repose au bord de la route. C'est pas humain de ne pas enterrer son cadavre. » D'une nature plus réfléchie, son mec applaudit Greta Thunberg qui vient d'officialiser un don d'argent important à une association. « Ça c'est du concret. Dans les fonds de *private equity* aussi, on a décidé de miser sur le *green*. Vois-tu, l'argent d'aujourd'hui a des pouvoirs nouveaux : il achète jusqu'à la vertu. » Il me raconte ensuite sa passion pour le golf, qu'il entend concilier de manière écologique aux nécessités de la navigation estivale. « *Indeed*, je joue au golf depuis le pont avant de mon bateau. Faudra que tu voies ça. Les balles que j'envoie dans la mer se décomposent au contact de l'eau et libèrent de la nourriture pour les poissons. Un coup de Fer 7, et hop, je soigne la planète. » Plus tard je m'avance dans le jardin et regarde vers la baie. Sainte-Maxime, en face, s'avive dans la nuit. Jérôme s'est approché : « C'est beau, n'est-ce pas ? » Oui c'est beau, tellement beau. Et pour une fois, rien ne s'interpose.

Des voitures viennent ensuite nous chercher. Elles repartent dans un long cortège aux teintes funéraires (les vitres teintées). J'apprends que nous allons vers le port et un établissement de nuit en particulier. La jeune femme au volant me dit être employée à la mairie, elle complète son traitement en se mettant chaque nuit au service « d'une clientèle choisie ». Elle nous explique aussi que les policiers locaux ne disposent que d'une seule cellule de dégrisement. Si bien que les éthylotests restent dans les tiroirs. Saint-Tropez, conclut-elle, est la station idéale « pour jouer aux boules et rouler bourré ».

Nous voici dans l'un de ces restaurants très bruyants engendrés par la nuit tropézienne. À notre arrivée, surprise : les premières notes d'un flamenco (rauque, magnifique) d'Enrique Morente… auquel il arrive ce grand malheur d'être passé au Magimix et à la boîte à rythme. Une chanson grecque, une musique libanaise et même un vieux standard du jazz sont eux plongés dans l'Auto-Tune. Armand s'en amuse : « Ce que tu entends, tu l'entendrais au Grau-du-Roi, à Gruissan ou à Vieux-Boucau. C'est ça, mon vieux, la moyennisation des classes supérieures ! » Il insiste (content de lui) : « Regarde-les : libérés, soulagés, euphorisés par l'inculture ! Et alors ?! Tout vaut mieux que le chagrin ! » Des années qu'Armand me rebat les oreilles avec le sabotage méthodique du luxe par l'industrie du luxe, la victoire écrasante de l'exubérance sur l'éloquence, la crédulité inouïe des nouveaux-nouveaux riches, l'inculture décomplexée qui pousse toutes les catégories sociales vers la même camelote idéologique, etc. Peut-être a-t-il choisi le théâtre tropézien pour mieux se donner raison. (Un certain Gomez Davila avait prophétisé cela cinquante ans avant lui : « Il n'y a plus de classe supérieure ni de peuple ; il n'y a qu'une plèbe riche et une plèbe pauvre. ») Tournent autour de moi les corps tatoués du personnel comme de la clientèle. Les dessins ou slogans gagnent sur leur peau des territoires longtemps épargnés ; il n'est plus rare de voir des codes-barres sur des visages.

Je ne saurais dire de quoi nous dînons : la nuit est trop épaisse pour nommer le fond de mon assiette. Je vois mieux, en revanche, la foule juillettiste qui nous prend en photo depuis la rue. Ils ont le choix entre notre repaire de « privilégiés » et ces énormes bateaux laqués, rangés de l'autre côté, que des néons bleus ou jaunes font ressembler à des bordels. Apercevant l'effondrement mental auquel je m'expose, Jérôme se penche sur mon oreille : « Tiens bon, l'Écrivain ! De jolies filles arrivent ! » Et trente minutes plus tard, en effet, nous rejoignent quelques-unes de ses amies varoises ou parisiennes (toutes accortes, leur peau aurifère sous des vêtements blancs). L'une d'entre elles me fait furieusement penser à Sophie Duez, époque années quatre-vingt. À quoi bon le lui dire, n'est-ce pas. Le dessert est servi, puis vite enlevé, ensuite une sirène retentit et la clientèle se hisse sur les tables pour danser entre les paniers en raphia qui servent de luminaires. Un type approche Sophie Duez, tente quelque chose en rapport avec la séduction. Elle se crispe. Jérôme envoie aussitôt son garde du corps qui exfiltre le bonhomme à une vitesse professionnelle. On le voit ensuite, la chemise défaite, en train de gueuler sur les vigiles en se tenant l'épaule. Un homme « de la table d'à côté » me tire sur la manche et m'offre un cigare. Je l'accepte, en pariant sur son pouvoir de distraction. Malgré le vacarme, il se lance dans le récit de sa vie. Si je comprends bien, le business des fleurs l'a tiré de Perpignan comme les mathématiques ont sauvé Stendhal de Grenoble (mes métaphores ont tendance à dérailler). Tout soudain, quatre femmes viennent danser devant lui. Comme je lui demande qui elles sont, il me les peint d'un mot : « des salopes ! »

Armand et Jérôme s'activent autour d'une vasque profonde et, dans cette vasque, remuent un cocktail dont ils veulent absolument que les filles soient servies. Sophie Duez résiste de tout son instinct, avant de succomber. Il y a, dans la nuit, un caractère de fatalité. Et dans ce fameux breuvage coagulent assez de sucre et d'alcool pour lui conférer les pouvoirs du Philtre d'amour. Je m'y jette à mon tour, dussé-je me trouver compromis dans une laideur qui sert en réalité mes intérêts d'écrivain. Que pourrais-je écrire/ si un Monde/ pareil à mes désirs/ remplaçait l'Immonde ?

Un goût nouveau et violent pour le plaisir me propulse vers Sophie Duez. Que m'arrive-t-il ? Je lui confesse (au plus près de son cou, qui sent bon) ne pas l'avoir quittée des yeux depuis son apparition. Et ce genre d'observation attentive, dis-je encore, « c'est un petit viol excitant ». Sa moue exprime un doute. Je lui parle de ses mollets : « Si pleins de force vive. » Ses sourcils, eux, se montrent désolés. Je dois vite me ressaisir. J'enchaîne sur une critique en règle de Saint-Tropez en prenant un air blasé. Pas de chance, sa famille vit ici depuis trois générations. Perdu pour perdu, je tente une citation... qui la convainc de regarder ailleurs. Mes sens s'emballent, me trahissent. Le décor s'efface cependant que mes oreilles se bouchent. Il est impératif que je sorte d'ici. De toute urgence.

J'avance sur le port comme si je remontais une pente ; je me traîne pour une fois sans la moindre mélancolie, cette « tristesse vague » tant aimée des hommes.

On s'écarte devant moi, à moins que... Bon sang, serais-je saoul à ce point ? J'aperçois sur ma droite les yachts blancs ou noirs frémir tous ensemble. Ils se mettent à s'agiter drôlement, jusqu'à tanguer en brutalisant leurs flancs. Avec quelle sidération je vois maintenant leurs amarres se rompre dans un claquement de fouet ! Les voici happés par une force incroyable vers le large, aucun paquebot n'y résisterait, et c'est tout le quai qui sous mes yeux commence à s'écrouler, les terrasses et la route glissant par pans entiers vers la mer où elles disparaissent plus vite que le sucre dans l'eau. J'ai beau courir en tous sens, les options s'évanouissent et je finis moi aussi par être emporté avec le décor. J'essaie bien de m'accrocher à tout ce qui passe à ma portée, mais chaque fois ce genre de bouée se dérobe. Tel ce store du Sénéquier entraîné par le fond avec une Mini-Moke dans sa toile rouge. Un puissant remous s'installe, qui envoie dans un même mouvement giratoire et lent les débris de l'Ilion balnéaire. Que d'efforts il me faut pour me saisir enfin d'un bloc de polystyrène, estampillé huîtres de Bretagne, et me maintenir vaille que vaille à la surface du tourbillon.

Une voix résonne. Énorme et pourtant féminine. Sophie Duez. Elle est très au-dessus de moi, allongée sur un improbable piton rocheux qui résiste aux courants. Elle semble calme et même sujette aux voluptés ; on ne l'imaginerait pas autrement sur une méridienne. Ses longs cheveux blond Titien s'animent sur sa poitrine comme une famille de serpents. Et le plus étonnant dans tout ça, c'est qu'elle parle aussi bien que l'Ecclésiaste :

« La condition des hommes d'aujourd'hui vaut celle des hommes d'hier : ils n'ont tous qu'un souffle de vie. Leur destinée est identique. Tous se rendent au même endroit, tous ont été tirés de la poussière et tous y retourneront ! »

On connaît la suite : Tout est vanité.

« En effet, petit homme. Tout est vanité. Quarante ans que tu exerces ton cœur au scepticisme et cela aussi n'est que pure vanité. Chaque œuvre dans laquelle un homme s'obstine est vouée à l'oubli TOTAL. Chaque pensée à laquelle l'homme désire se conformer est promise à l'inutilité ABSOLUE. Aucune intelligence, aucun goût, aucune exigence morale ou esthétique ne seront jamais récompensés. »

Alors quoi, on se laisse couler ?

« Oui. Dans les plaisirs, dans les modes, dans l'époque. Coucher avec son époque n'a rien d'insensé. »

Au fond, à Saint-Tropez comme ailleurs, rien de neuf sous le soleil.

« C'est exactement ça, petit homme. Rien ne sera jamais neuf, encore moins sous le soleil ! »

ÉTUDES, REPORTAGES, RÉFLEXIONS

142 | Adama Traoré, une
narration américaine
› **Fatiha Boudjahlat**

149 | Existe-t-il une exception
portugaise?
› **Tigrane Yégavian**

162 | Le Sacré-Cœur nous
sauvera-t-il du Covid-19?
› **Marion Dapsance**

168 | Vous reprendrez bien
un cookie?
› **Kyrill Nikitine**

ADAMA TRAORÉ

› **Fatiha Boudjahlat**

L'instruction n'est pas terminée, et les causes et les circonstances de sa mort rebondissent d'expertises en contre-expertises. Il y aura la vérité judiciaire.

Ceux qui dressent une équivalence entre la violence avec laquelle a vécu Adama et celle avec laquelle il est mort ont tort et sont en faute. Nous sommes en droit d'attendre un comportement plus exemplaire de la police que de la population, et singulièrement des délinquants. Un contrôle ou une arrestation ne devrait jamais déboucher sur la mort de quelqu'un. Les policiers et les gendarmes disposent du monopole de la violence légitime, mais cela implique qu'ils soient des professionnels et en usent avec proportionnalité et raison. Rien ne prouve que les gendarmes soient à l'origine de la mort d'Adama Traoré. Un accident, pour tragique qu'il soit, est un accident, dont on peut dire autant et aussi peu que n'importe quel fait divers.

Cet accident nous dit que le pouvoir de la police ne devrait jamais reposer sur la force des armes, du nombre ou de la technique, mais sur l'autorité représentée par l'insigne. Or l'autorité repose sur le consentement de ceux sur lesquels elle s'exerce. Les plus si « jeunes » des quartiers ne sont plus dans ce consentement, mais dans le refus. La force seule départage et le vainqueur n'est pas souvent la police. Adama Traoré ne serait pas mort s'il n'avait pas pris par deux fois la fuite au lieu de se soumettre à ce qui n'était encore qu'un simple contrôle policier. On peut le dire, mais c'est dérisoire et carrément insupportable quand une personne meurt. Nous n'avons pas supprimé la peine de mort en France pour la tolérer dans nos rues, au détour d'un contrôle ou à l'occasion d'un règlement de comptes. La victime n'a pas non plus à être irréprochable pour susciter l'empathie ou les regrets sur sa mort.

Fatiha Boudjahlat est enseignante, féministe universaliste.
Dernier ouvrage publié : *Combattre le voilement* (Cerf, 2019). À paraître en 2021 : *Les Nostalgeriades*.

Ceux qui rejettent et combattent l'américanisation de nos mœurs sont étrangement ceux qui rêvent d'importer la loi du talion façon Far West et la légitime défense à la sauce américaine (« Il vaut mieux être jugé par douze jurés qu'être transportés *[dans un cercueil]* par six amis »).

Mais ce drame, par l'instrumentalisation politique, idéologique et médiatique qui en est faite, nous dit beaucoup de choses. D'abord un narratif qui a évolué, puisque la position de sa famille endeuillée a évolué. Assa, la sœur médiatique d'Adama, interrogée en 2016 par *Libération*, parlait de bavure et mettait l'accent sur les violences policières, excluant toute dimension ou résonance raciale. Depuis, (re)prise en main par deux figures militantes controversées, les islamistes Youcef Brakni et Almamy Kanouté, elle dénonce un meurtre raciste, une police raciste, un racisme systémique de l'État français structurellement colonial.

C'est la rhétorique connue des Indigénistes partisans des « post- », dont les plus populaires, le postféminisme et le postcolonialisme. Assa Traoré tient une place particulière dans ce dispositif de pure communication, qui ne se contente plus d'importer des États-Unis la novlangue sociologisante et les techniques de militantisme et de recours aux médias. Faisant le constat d'une mondialisation culturelle américaine et de cet ajournement sans délai par une gauche bourgeoise des enjeux de lutte de classes au profit de la lutte des taux de mélanine, ce dispositif repose sur l'iconisation, parce que

« le medium est le message » (1) ; les faits ne valent qu'en tant que récit, et celui-ci est composé d'images. Il n'y en avait pas de la mort d'Adama Traoré. Celles, terribles, de George Floyd ont fait l'affaire. Nous sommes à l'ère des simulacres et de la stimulation qui jouent sur un double ressort que Jordi Vidal présente ainsi : « Il faut simultanément faire peur et être attractif en développant un pouvoir de fascination. (2) » L'asphyxie est une peur primale, et qu'importe si ce n'est pas ce qui a tué Adama Traoré, mais George Floyd. L'imagier est (re)constitué. La fascination est là, et même la sidération qui se dévoile à coups de unes d'Assa Traoré seule. Sidération aussi des journalistes rapportant sans distance son récit de vie et des événements, jusqu'à retranscrire sa défense de la polygamie, expérience familiale qu'elle a trouvée « formidable »... On ne discute pas les propos d'une icône, et c'est bien à la fabrique d'une icône que l'on assiste. Féminine, et pas féministe.

Assa Traoré, nouvelle Angela Davis

On connaît la dimension politique de la coupe de cheveux en général, et de la coupe afro en particulier, forme de résistance tout autant qu'instrument de visibilité, de renarcissisation d'une population humiliée et sommée de se conformer aux normes occidentales. On connaît le mouvement Black is beautiful qui est né de cette résistance. L'évolution de la coupe de cheveux d'Assa Traoré rend évidente cette volonté de mimétisme avec l'histoire américaine, dans la fabrique d'une icône aisément identifiable, transposable, et commercialisable. Au-delà du cliché photographique les réunissant, c'est bien à l'iconique Angela Davis qu'Assa Traoré a voulu ressembler, pour donner à penser que la situation des Noirs en France en 2020 est comparable à celle des Noirs aux États-Unis pendant et au sortir de la ségrégation, et qu'elle est la nouvelle Angela Davis, recevant même un prix d'une chaîne de télévision américaine, le prix BET Global Good. La coupe afro d'Assia Traoré devient iconique, comme l'a été celle d'Angela Davis après son arrestation, au point qu'elle déclara : « C'est tout à la fois humiliant et une leçon d'humilité de découvrir que pour la première génération après celle qui a fait de moi une personnalité publique, je ne suis qu'une coupe de cheveux. »

Un journaliste de *Zeit* a ainsi pu la comparer, frôlant la fétichisation, à « une madone militante de couleur, à la coiffure afro qui, de couronne de martyre, s'était transformée pour ses partisans en une auréole ». Katharina Gerund a consacré un article passionnant à la construction et aux enjeux politiques de la figure médiatique d'Angela Davis (3), article dont nous tirons les citations précédentes. Une différence : incarcérée dans l'attente de son procès, Angela Davis a subi cette iconisation, alors qu'Assa Traoré la construit méthodiquement, avec un business plan et un plan média professionnels. Angela Davis et sa coupe afro, entrant en résonance avec l'iconographie pop, ont servi « d'espace de projection pour une diversité d'acteurs politiques *[...]* offr*[ant]* un cadre discursif permettant des formes d'appropriation très variées et ancrées dans des contextes nationaux ». Pas de politisation sans personnification à l'ère des médias et de la communication de masse. Katharina en décrit le processus : « Une large part de la mise en scène médiatique s'était concentrée sur sa féminité et sur son style », à son corps défendant. Deux historiens allemands relevaient que « la coupe afro, la féminité et la jeunesse *[...]* devinrent des marqueurs de la radicalité noire, socialiste et communiste, hostile à l'État ». Des marqueurs qui sont très stéréotypés, signes de ce que Moritz Ege a qualifié « d'afro-américanophilie », et on aurait tort de sous-estimer ce ressort psychologique que les grandes entreprises connaissent et sur lequel elles comptent et jouent : il n'y a qu'à voir des entreprises aussi diverses que le glacier Ben & Jerry's, ou les équipementiers sportifs redoubler de communication sur leurs valeurs antiracistes. Participer à la manifestation initiée par le groupe Traoré sur le parvis du Tribunal judiciaire de Paris, c'était aussi goûter à la fièvre et à la subversion d'une action contre le gouvernement. Un goût d'Amérique. Les mêmes, plutôt jeunes, très éduqués, bourgeois, ne se sont pas mobilisés lors des manifestations des « gilets jaunes », parce que les mots d'ordre étaient sociaux. La lutte des classes n'est pas assez inclusive, subversive, cool. Comme l'écrit Walter Benn Michaels, « alors que le problème est l'inégalité, la solution proposée est l'identité » (4). Noire. Africaine. Panafricaine. Musulmane. S'y associer, c'est se laver de la culpabilité de race, tout en évitant soigneusement de se questionner et de remettre en cause ses privilèges de classe.

Ces signes sont également appropriables par tout un chacun se proclamant progressiste. Assa Traoré (sur)joue sur les mêmes ressorts, pour obtenir la même adhésion. Avec cette équivalence, faisant fi de la différence de contexte, installée par les médias : Adama Traoré est George Floyd, George Floyd est Adama Traoré, Assa Traoré est la sœur de George Floyd, les Noirs français sont les Noirs américains. Ceux qui soutiendront en France la cause Traoré soutiennent le mouvement Black Lives Matter américain. De quoi aussi coller aux enjeux du moment en proposant une figure féminine, plus consensuelle que celle, virile et souvent violente, des hommes. Les photos diffusées sur les réseaux sociaux cet été, la montrant en train de nager dans les calanques marseillaises, ont eu moins de succès que celles où elle lève le poing. Sa coupe de cheveux aussi était en vacances, de fines nattes ayant remplacé la jolie masse afro. La souffrance est plus porteuse que le repos bien mérité et les loisirs. Tout comme le pique-nique organisé par le comité Adama, qui a été un fiasco. Il faut coller et exploiter l'actualité à la manière des chaînes d'infos pour mobiliser une population à l'attention fugace et changeante.

Bagui a pris les armes, Assa a pris la lumière

La mobilisation contre les violences policières apparaît très genrée. Les femmes sont en première ligne. Pas en tant que femmes, mais dans des rôles reconnus et respectés par le patriarcat, ceux de la cellule familiale : elles sont les mères, les sœurs et les filles éplorées. Tenues à l'écart des trafics, des contrôles policiers, en fait, de l'espace public. Comme si la figure de la sœur, femme sans sexualité et sans revendication antisexiste, était devenue la seule figure à laquelle on ne reproche pas son universalité. Dans le rôle d'une pietà postmoderne, dans le sacrifice de soi, Assa Traoré. On relira avec intérêt et une certaine tristesse les articles que *Libération* a consacrés aux jeunes de banlieue pendant le confinement. Les journalistes n'ont donné la parole qu'aux garçons, qu'aux hommes, qui souffraient de la promiscuité familiale et de la cohabitation forcée avec des parents, déconnectés. Les filles et les jeunes femmes ne souffrent sans doute pas, en tout cas les journalistes ne leur donnent pas la parole. On a beau être habitué au misérabilisme et à la condescendance de ceux qui traitent de ces sujets, en pleine période #Metoo, on reste estomaqués de cette invisibilisation des femmes pour cause de couleur et de culture.

Bagui, frère d'Adama, qui était celui que recherchait la gendarmerie, a pris les armes au lendemain de la mort de son frère, à la tête d'une émeute urbaine. Il est renvoyé devant la cour d'assises pour tentative d'homicide sur les gendarmes. Le récit est en place et se répète : les hommes de couleur sont les victimes principales et préméditées de l'État policier et raciste, et leur statut de victimes les dédouane et efface la violence dont ils font eux-mêmes preuve. Encore une conception genrée, aux sœurs, mères, filles, la mobilisation pacifique, aux hommes, la violence rendue légitime par la domination du mâle blanc hétérosexuel autour des intérêts duquel la société se serait organisée. La violence des frères Traoré ? Vérité judiciaire avérée par des casiers judiciaires. Mais le sociologue expliquera qu'ils n'ont fait usage que de la seule liberté de manœuvre dont ils disposaient : celle de se conformer à l'image de violence que la société véhicule sur eux. Le statut de victime de racisme oblitère la réalité et sa complexité, pour établir un « méta-récit » renvoyant la France à l'époque colbertienne et coloniale.

La sincérité, évidente et indiscutable, de la mobilisation autour de ce drame ne doit pas nous rendre naïfs et ne dispense pas d'être lucides. Il y a autant de motivations qu'il y a d'acteurs, et leurs agendas sont multiples et peuvent se combiner. Créer un rapport de force populaire et médiatique devait empêcher ce renvoi devant la cour d'assises, il doit maintenant garantir la bienveillance du jugement voire empêcher la condamnation de Bagui. Il y a aussi des histoires de gros sous. Les avocats n'oublient jamais de se payer « sur la bête » tout en présentant leur action comme militante. Les cagnottes ont assuré une rentrée d'argent de 200 000 euros. Le merchandising sous couvert de militantisme, avec ces T-shirts coûteux, dont le code couleur rappelle de manière ironique le slogan « Je suis Charlie ». Les femmes sont mises en avant dans les défilés, elles que l'on ne voit guère dans les rues de ces quartiers.

Le comité Adama a-t-il tort de parler de racisme systémique de la police ? Oui. Les autres drames, dont celui dont a été victime Cédric Chauviat et qui est une vraie bavure, montrent une chose : la police française est trop violente. Les méthodes d'arrestation et d'immobilisation sont trop violentes et trop dangereuses. Il faut opter, suivant en cela les exemples britannique et allemand, pour la désescalade. Mais on ne peut accepter que soit enseigné aux enfants qu'ils risquent la mort en étant contrôlés par la police, et qu'il vaut mieux qu'ils fuient. Le comité Adama ne remet pas en cause ces violences sociales. Il a été pris en main par des militants qui sont en guerre idéologique, médiatique, juridique contre la République et son modèle d'État-nation. Eux qui ne cessent de dénoncer les morts américains de cette culture américaine de la violence, en vantent le modèle politique et en adoptent les codes.

1. Marshall McLuhan, « The Medium is the message », l'interface compte tout autant que le message pour convaincre et susciter l'adhésion.
2. Jordi Vidal, *Servitude et simulacre, réfutation des thèses réactionnaires et révisionnistes du postmodernisme*, Allia, 2007, p 48.
3. Katharina Gerund, « Icône culturelle et figure de la solidarité : la présence médiatique d'Angela Davis en RFA au début des années soixante-dix », traduit par Caroline Moine, *Le Temps des médias*, n° 33, Nouveau Monde éditions, février 2019.
4. Walter Benn Michaels, *La Diversité contre l'égalité*, Seuil, coll. « Raisons d'agir », 2009.

EXISTE-T-IL UNE EXCEPTION PORTUGAISE ?

› **Tigrane Yégavian**

Pays atlantique traditionnellement porté par les vents du grand large, le Portugal est l'une des plus anciennes nations constituées du Vieux Continent, comme en témoignent ses frontières terrestres presque inchangées depuis le XIIe siècle. Pour autant, il s'est quasiment toujours trouvé à l'étroit dans son rectangle européen. Discrète nation au passé glorieux, débarrassé de façon pacifique d'une dictature de quarante ans, le Portugal fait encore aujourd'hui figure d'exception. Aux dernières législatives d'octobre 2019, alors que la social-démocratie s'est effondrée partout en Europe, le Parti socialiste (centre gauche) a raflé 36,65 %, recueillant plus de sièges que durant la précédente législature.

Le Portugal détonne et innove pour avoir mis au point un attelage insolite et unique en son genre : la *geringonça*, une alliance hétéroclite regroupant socialistes, communistes et extrême gauche autour d'un pacte de gouvernement et qui a pris fin dans la foulée des dernières législatives. Si la grande presse internationale a maintes fois salué les performances économiques du gouvernement de gauche, le « miracle portugais » a tôt fait d'afficher ses limites.

Traditionnellement bon élève de l'Europe depuis son adhésion à la CEE en 1986, le Portugal s'était retrouvé au bord de la faillite en 2011, empêtré dans une succession de déficits budgétaires abyssaux (- 11,2 % du PIB en 2010) et l'insoutenable dette extérieure (privée et publique) évaluée à plus de 100 % du PIB, d'où une dégradation de la note du pays de A+ à A- par Standard & Poor's.

Contrainte d'appeler à la rescousse la Troïka, composée du Fonds monétaire international, de la Banque centrale européenne et de la Commission européenne, Lisbonne s'était vu accorder un plan de sauvetage de 78 milliards d'euros en échange d'une sévère cure d'austérité. Les dépenses publiques sont passées au peigne fin. Les salaires des fonctionnaires sont amputés d'un 12e et d'un 13e mois et gelés sur quatre ans. Le traitement des fonctionnaires est amputé de 27 %, un départ en retraite sur deux n'est pas remplacé. Le coup de massue s'applique également aux retraités aux revenus supérieurs à 1 000 euros, puis à l'ensemble des retraités. Les employés du privé sont soumis à une augmentation de l'horaire de travail d'une demi-heure par jour, à l'assouplissement du droit du travail qui facilite le licenciement, limite l'allocation-chômage, réduit le coût des heures supplémentaires, etc. Les investissements sont en berne, les services publics ponctionnés. La hausse de la TVA, du prix des transports et la baisse de la couverture de santé ont de graves incidences sur le pouvoir d'achat des Portugais qui chute de 6 % en 2012 par rapport à l'année précédente. Ce remède de cheval aura de funestes conséquences : entre 2011 et 2013, la croissance est négative, 700 000 emplois sont supprimés tandis que le pays se vide de ses forces vives ; jeunes diplômés et cadres émigrent en masse, saignant le pays à blanc. Ils seront au total 500 000 à tenter leur chance sous des cieux plus cléments, « encouragés » par les propos du Premier ministre de l'époque, Pedro Passos Coelho, lequel lors d'une interview invitait les enseignants de portugais au chômage à émigrer en Angola ou au Brésil (1).

Lors des législatives de novembre 2015, la coalition droite/centre droit (PPD-PSD/CDS-PP) arrive peut-être en tête avec 36,86 % des voix (102 sièges), mais c'est la gauche qui finit par l'emporter grâce à

> Tigrane Yégavian est journaliste, ancien chroniqueur à la rédaction en langue portugaise de RFI.

la mise en place de la *geringonça* (néologisme portugais équivalent à « bidule »).

Bien qu'arrivé en seconde position, le Parti socialiste voit l'occasion de revenir au pouvoir. Il négocie pour cela des accords bipartites avec les communistes et la gauche radicale du Bloco de Esquerda (BE). Le succès de cette initiative revient à la volonté d'un homme. Fils d'un écrivain et militant communiste originaire de Goa (la capitale de l'ancien État portugais des Indes), l'ancien maire socialiste de Lisbonne António Costa a eu raison du président Aníbal Cavaco Silva, lui-même ancien Premier ministre de droite (PSD). Hostile, ce dernier se trouve doublement empêché de convoquer des élections législatives anticipées à six mois de la fin de son mandat, compte tenu des dispositions de l'article 172 de la constitution qui empêche la dissolution du parlement dans un délai inférieur à six mois de la fin ou du début d'un mandat législatif. Il nomme alors António Costa Premier ministre, le 24 novembre, à la tête d'un gouvernement de « gauche plurielle » mais dont les médias portugais préféreront le terme péjoratif de « *geringonça* », expression hâtivement attribuée à Paulo Portas, le chef de file du centre.

Ce gouvernement minoritaire soutenu par le Bloco de Esquerda et le Parti communiste détermine un code de conduite et opte pour une politique de relance iconoclaste à contre-courant des conseils émanant de Bruxelles. Le tout en veillant à ne plus laisser filer les déficits dans les comptes publics. Pour en finir avec l'austérité, les socialistes rehaussent le salaire minimum (530 euros en 2016 contre 485 euros en 2011…), revalorisent les retraites, diminuent la réduction du temps de travail tout en relançant le pouvoir d'achat pour booster la consommation. La recette prônée par le gouvernement socialiste consiste également à encourager l'exportation de produits à haute valeur ajoutée, à doper le tourisme et les investissements étrangers. Pour attirer les retraités d'Europe à investir dans l'immobilier, Lisbonne propose des exonérations fiscales avantageuses. Pour ce faire, la précédente majorité de droite avait mis en place en 2012 des autorisations de résidence pour investissement (ARI), à condition d'y investir 500 000 euros au minimum dans un bien immobilier, une entreprise ou un service créant des emplois. Plus communément appelés « Visas en Or », ces permis de séjour d'une durée valide de deux ans auront été accordés à ce jour à plus de 8 200 ressortissants extra européens, en particulier chinois, mais aussi russes, brésiliens, sud-africains, angolais, turcs, etc. qui peuvent de la sorte circuler librement au sein de l'espace Schengen pendant deux ans. En huit ans, ils auront généré 5 milliards d'euros d'investissements.

La politique économique promue par la *geringonça* finit par porter ses fruits. En 2017, avec 2,7 %, la croissance dépasse la moyenne de l'UE (2,5 %). Le chômage, qui frisait les 17 % en 2013, est divisé par deux, retrouvant ainsi son niveau d'avant la crise. Et, cerise sur le gâteau, le déficit public chute à 0,5 % du PIB, du jamais-vu depuis la révolution des Œillets de 1974.

L'envers du décor

Par ces mesures, le Portugal crée un précédent dans une Europe du sud assommée par le diktat de la Troïka. Mais derrière l'apparence d'une embellie pérenne, persistent de nombreuses fragilités structurelles. Malgré un déficit public maîtrisé, la dette publique s'est considérablement creusée (119,3 % du PIB en octobre 2019, soit 252,1 milliards d'euros) (2). Le système bancaire demeure extrêmement fragile comme en témoigne la faillite en 2016 de la Banque Espírito Santo entrée en liquidation et recapitalisée à la rescousse avec d'autres banques dont les actifs toxiques persistaient dans leurs bilans.

Si le salaire minimum est passé à 635 euros en 2020, il demeure bien en deçà de la moyenne européenne, le Smic espagnol étant évalué à 1 050 euros en juillet 2019. Certes, le chômage a baissé de 17 % en 2013 à 6,5 % aujourd'hui, mais cela a donné lieu à une généralisation progressive des emplois précaires et peu qualifiés. Cette réalité touche en premier lieu le secteur du tourisme qui emploie 8,2 % de la population active et a représenté 13,7 % du PIB en 2018 (3). Au niveau des exportations, l'agroalimentaire, le meuble et la mécanique figurent parmi les principaux domaines concernés, mais ces exportations demeurent à faible valeur ajoutée. Surtout, elles dépendent de l'appréciation et des fluctuations de l'euro, tout comme des variations de la demande des principaux clients du Portugal, l'Espagne étant le pays de destination d'un quart des exportations portugaises.

Des faiblesses structurelles

Sur ces fragilités viennent se greffer la persistance d'un sous-investissement dans le secteur public et une dépendance accrue envers l'Union européenne. Car seuls 15 % des investissements publics portugais proviennent directement des caisses de l'État. Autrement dit, le maintien de l'État providence portugais dépend à 85 % du fonds de cohésion européen, qui fait l'objet d'amples critiques à Bruxelles, et dont le gouvernement socialiste a cruellement besoin pour acheter la paix sociale et se maintenir au pouvoir (4). Toujours est-il que les universités sont au bord de la faillite, les hôpitaux manquent cruellement de personnels qualifiés – en témoignent les importantes grèves de février 2019 –, alimentant les pires craintes lors de la propagation de l'épidémie de coronavirus sur le sol portugais en mars 2020.

L'autre effet pervers de la *geringonça* est sans conteste l'accroissement de la fracture sociale causée par une désastreuse politique du logement. Soumis à la pression des promoteurs immobiliers et des acheteurs étrangers, les habitants des centres-villes de Lisbonne et de Porto sont chassés vers les périphéries. En quelques années, cette brutale gentrification fait flamber les loyers tandis que les quartiers historiques de la capitale portugaise se dépeuplent et changent de configuration avec la présence « d'immigrés français et italiens ». En plus de ces inégalités d'accès au logement, se renforce une fracture territoriale entre le littoral et l'intérieur des terres. En un demi-siècle, l'intérieur a perdu plus de 40 % de sa population, les 60 % restant vivent à moins de 25 kilomètres de la côte atlantique (5).

Par ailleurs, le Portugal doit affronter des défis lourds de conséquences sans y être armé. À savoir la sécheresse et l'imminence d'un changement climatique qui ont un impact immédiat sur la couverture forestière frappée d'incendies mortels à répétition à la période estivale (6). On estime ainsi à 165 morts le nombre de tués entre 2000 et 2017 par les incendies de forêts (7). Chaque incendie jette un grave discrédit sur la politique forestière du gouvernement. Ce qui fut le cas à l'été 2017 où l'incendie meurtrier de Pedrógão Grande avait été vécu comme un traumatisme dans tout le pays.

Hémorragie démographique

Bien qu'accueillant une importante communauté immigrée originaire du Cap-Vert, le Portugal est traditionnellement un pays d'émigration. Il avait connu un phénomène inverse dans la décennie 1990, voyant des cohortes de travailleurs bulgares, moldaves, ukrainiens et roumains embauchés dans le secteur du bâtiment et des travaux publics. Or, l'émigration a explosé entre 2010 et 2013 avec 110 000 départs chaque année, principalement des jeunes qualifiés. Fragilisée par une démographie déclinante, la population portugaise vieillit dans des proportions inquiétantes, puisque, entre 2010 et 2015, le solde migratoire était négatif. Selon un rapport d'Euromonitor International, le Portugal affichait la cinquième place dans le classement du vieillissement dans le monde derrière le Japon, l'Italie, la Grèce et la Finlande (8).

La population résidant au Portugal a de nouveau baissé l'an dernier, ayant subi une diminution de 14 410 habitants en 2018, selon les statistiques démographiques publiées par l'Institut national de la statistique (INE). La population se maintiendrait à peine au-dessus de la barre des 10 millions (9).

Pour répondre à ce défi, le gouvernement a lancé en juillet 2019 le programme *Regressar* (revenir) (10) qui vise à inverser les flux migratoires. Au menu, quelques propositions généreuses comme une aide forfaitaire allant jusqu'à 6 536 euros par personne, la prise en charge des frais de retour pour le candidat et sa famille ainsi que des exonérations fiscales.

Face aux conséquences de la gentrification accélérée, des centres-villes se sont retrouvés vidés de leur « population autochtone ». Ce qui conduit, en février 2020, Lisbonne à faire marche arrière sur les avantages fiscaux attribués dans le but d'attirer les étrangers à s'établir au Portugal. Un premier amendement à la loi des finances 2002 concernant le statut des résidents non habituels (en premier lieu les retraités européens) est voté. Il impose une taxe à hauteur de 10 % aux retraités européens qui jusque-là étaient exonérés de l'impôt pour une période de dix ans. L'autre mesure importante renvoie à la modification du statut des ARI. Le gouvernement entend détourner les détenteurs de ces visas en or de Lisbonne et Porto pour soulager la pression immobilière dans ces villes et développer des localités de l'intérieur. Car le marché immobilier a atteint une phase de saturation laissant craindre la probabilité d'une bulle immobilière.

Quel bilan de la *geringonça* ?

Les législatives d'octobre 2019 ont vu le Parti communiste s'effondrer tandis que le Parti socialiste, arrivé en tête avec 36,34 %, n'a pas obtenu la majorité absolue. Ces résultats ont marqué la fin de la *geringonça* car la dégringolade des communistes a empêché ce partenaire de conclure un pacte de gouvernement. Décriée par l'opposition de droite et du centre, la coalition de gauche conduite par les socialistes a fait montre d'une certaine résilience du système partisan portugais ; jusque-là relativement épargné de la contagion populiste. Dans le Portugal post-salazariste, l'extrême droite demeure résiduelle. Il n'empêche qu'en recueillant 1,29 % des voix aux dernières législatives le tout nouveau parti hors système, Chega ! (ça suffit !), a fait son entrée au Parlement avec un député tout en poursuivant sa lancée (11). C'est une première dans l'histoire du Portugal démocratique. Cette formation « nationaliste libérale et conservatrice » est dirigée par André Ventura, un juriste de 37 ans, ancien membre du parti de droite PSD et candidat à la présidence de la République. En proposant une nouvelle offre politique, cet ambitieux commentateur sportif donne un coup de vieux au traditionnel système partisan portugais tout en empiétant sur les plates-bandes du traditionnel parti d'extrême droite, le Partido nacional renovador (PNR) fondé en 2000 et qui patine avec 0,17 % des suffrages. Mises à part les revendications communes aux autres forces néonationalistes du Vieux Continent, cette opposition radicale prône un programme ultralibéral de détricotage du système de santé publique, couplé d'une politique d'assainissement de la vie politique et de la réaffirmation de l'action régalienne de l'État. Il entend ainsi tirer profit de l'émotion causée par des affaires récentes comme le « Familygate » au printemps 2019 sur les liens de parenté entre les différents membres du gouvernement qui ont dévoilé un niveau de népotisme inégalé. Une dérive clientéliste qui alimente le discours du Chega !, lequel appelle à une réforme de la constitution critiquée pour son orientation « marxiste et marxisante » dans l'espoir de mettre en place un système présidentialiste.

Toujours est-il que la coalition de droite, qui avait commencé à assainir les finances publiques avant 2016, peine à s'ériger en alternative crédible notamment en raison de ses difficultés à voir émerger un nouveau leadership. Leur aspiration à être les seuls capables d'assurer la crédibilité extérieure du Portugal a été battue en brèche par le PS qui, au cours du mandat écoulé d'António Costa, a vu deux de ses principaux dirigeants accéder à des postes prestigieux à l'international. L'ancien Premier ministre António Guterres est devenu secrétaire général de l'ONU en 2017 et Mário Centeno, le ministre des Finances, a présidé l'Eurogroupe de janvier 2018 à juillet 2020.

Une société en pleine mutation

À l'automne 2019, la décision du maire de la paisible commune de Vimieiro, ville natale d'António de Oliveira Salazar (1889-1970) près de Viseu, de créer un musée dédié à l'ancien dictateur défraie la chronique. Objectif de cet élu socialiste : stimuler le tourisme et revitaliser l'économie locale dans une commune oubliée de l'intérieur, quand d'autres y ont vu l'occasion de blanchir une dictature fasciste, dont la sinistre évocation de la PIDE, la police du régime, a laissé des plaies vivaces (12).

Il n'empêche que les instruments au service de la propagande salazariste ont fait en partie long feu. Des trois « F » renvoyant au Fado, au Football et à Fatima (sanctuaire érigé en 1928, haut lieu des apparitions mariales), seul le deuxième a conservé de sa vigueur. Si le catholicisme demeure un des piliers majeurs de l'identité portugaise, celui-ci se trouve en perte de vitesse, à l'exception du nord. La pratique n'est observée peu ou prou que par 20 % de la population, tandis que la proportion des divorces a explosé. L'Église conserve néanmoins une certaine influence via sa présence dans l'éducation et dans les médias (Radio Renascenca…).

Interdite jusqu'en 1984, l'interruption volontaire de grossesse a finalement été légalisée aux termes d'un référendum houleux en 2007, après l'échec d'un précédent référendum en 1998. Signe fort émanant d'une société en mouvement, les premiers pas vers la légalisation de l'euthanasie ont été approuvés par le Parlement d'un pays à forte tradition catholique. Si elle n'a pas encore été légalisée, l'euthanasie n'est plus un tabou. Des commissions parlementaires sont en train de se mettre en place en vue de rédiger des propositions de lois pour la régir. Quant au mariage des couples de même sexe, celui-ci a été approuvé par le Parlement en 2010.

À l'évidence, le pays se métamorphose à l'image du Parlement issu du scrutin du 6 octobre. Ce dernier a accueilli trois Luso-Africaines issues des anciennes colonies tandis que la magistrate portugaise d'origine angolaise Francisca Van Dunem, et actuelle ministre de la Justice depuis 2015, est la première femme noire à occuper un tel poste dans l'histoire du Portugal (13).

La nouvelle génération montante est de son côté biberonnée aux nouvelles technologies. Le Portugal est devenu une place incontournable dans le domaine de la high-tech, une carte que le gouvernement d'António Costa parvient à jouer habilement lors de ses déplacements à l'international. Les exportations de services à haute valeur ajoutée ont atteint 1,8 milliard d'euros en 2018. Et, depuis 2016, Lisbonne accueille la tenue du Web Summit, cet événement annuel que le magazine *Forbes* considère comme la meilleure conférence sur les technologies de la planète, fondé en 2009 et qui regroupe une série de conférences sur les technologies. Google projette d'installer un hub numérique à Oeiras dans la banlieue de Lisbonne, créant 500 emplois d'ingénieurs. Mais il n'est pas le seul. Daimler et Uber ont déjà posé leurs valises à Lisbonne, tout comme Zalando, Euronext, Vestas et Fujitsu qui ont choisi le nord du pays. Et Amazon négocie un espace pour s'installer à Porto, deuxième ville du pays (14).

Une nation euro-atlantique

Nation archipel, le Portugal est à la fois un pays atlantique et un pays européen. Composé d'un territoire continental en Europe et de deux archipels atlantiques (Açores et Madère), il a toujours été conditionné par sa situation géopolitique. Historiquement, il s'est bâti comme un pays atlantique et colonial qui, lorsque le poids du vecteur maritime était excessif, allait chercher des compensations diplomatiques sur le continent européen. Aujourd'hui, Lisbonne cherche à capitaliser à la fois sur sa position atlantique et ses relations postcoloniales. Parallèlement à l'intégration européenne et aux relations transatlantiques, axes centraux de sa politique étrangère, le Portugal développe un troisième vecteur centré sur ses relations postcoloniales. Il le fait à la fois dans un cadre bilatéral avec le Brésil et les pays africains issus de l'empire colonial portugais et au niveau multilatéral dans le cadre de la Communauté des pays de langue portugaise (CPLP, créée en 1996). Membre fondateur de ce forum diplomatique inspiré du Commonwealth et de l'OIF, le Portugal peine parfois à faire entendre sa voix parmi ses partenaires issus de son empire colonial. Lisbonne, qui abrite le siège de la CPLP, s'est opposé à l'adhésion de la Guinée équatoriale tenue d'une main de fer par le régime de Teodoro Obiang Nguema, notamment en raison du maintien de la peine de mort dans cet archipel dictatorial. Malabo a finalement eu gain de cause en 2014, soutenu en particulier par l'Angola. Si la CPLP peut contribuer au rayonnement de la « lusophonie », ses moyens demeurent très modestes, le budget alloué pour 2019 étant de 2,7 millions d'euros à peine (15) quand celui de l'OIF était de 71 millions la même année.

Arrimé à l'Otan, le Portugal, qui ne s'est jamais tout à fait remis de la perte de son empire colonial, se projette dans sa zone économique exclusive, la troisième de l'Union européenne (3 877 408 km^2). À la faveur de la crise, les géostratèges portugais « redécouvrent » l'océan et les gigantesques possibilités qu'offrent les fonds sous-marins en termes de ressources halieutiques et énergétiques mais également de protection de l'environnement et de la biodiversité. À cet égard, l'importance géostratégique des Açores demeure primordiale. À mi-chemin entre les continents nord-américain et européen, l'archipel atlantique était déjà un point d'appui pour la navigation et la pose de câbles sous-marins pendant le XIXe siècle. Il avait joué un rôle stratégique en tant que base navale pendant la Première Guerre mondiale. Ce rôle a été renforcé pendant la Seconde Guerre mondiale avec la construction de la base aérienne de Lajes, où les appareils de l'US Air Force se ravitaillent en route pour le Moyen-Orient. Cette base avait joué un rôle crucial lors de la guerre du Kippour de 1973. Ce qui explique notamment l'absence de condamnation, de la part de Washington et de l'Otan, de la politique coloniale du Portugal jusqu'en 1974.

Le 20 décembre 1999, Lisbonne a fait ses derniers adieux à l'Empire en rétrocédant le territoire de Macau à la République populaire de Chine. Depuis lors, les relations se sont considérablement intensifiées. Au point d'inquiéter les États-Unis, soucieux de la dépendance croissante de l'économie portugaise vis-à-vis de la Chine, qui investit dans des secteurs stratégiques comme l'électricité, la banque, les assurances, le gestionnaire du réseau électrique REN ou encore la compagnie aérienne nationale TAP.

Subissant une relation déséquilibrée vis-à-vis du géant brésilien et souffrant du mépris souverain affiché par son dirigeant Jair Bolsonaro envers l'ancienne métropole, la diplomatie portugaise essaie malgré tout de hisser le partenariat luso-brésilien au-dessus des orientations gouvernementales. La fin de la dictature survenue au Portugal une décennie plus tôt qu'au Brésil et la nécessité de résoudre certains des problèmes qui subsistaient au sein de la jeune démocratie portugaise, comme la question coloniale, avaient dans une certaine mesure affecté les liens traditionnels d'amitié et de coopération entre les deux pays. Mais cela a été rapidement surmonté, avec la visite au Brésil de Ramalho Eanes (président de 1976 à 1986) qui a permis de normaliser les relations. Les gouvernements portugais et brésilien ont été en mesure de trouver des moyens de coopération, même en l'absence de convergence sur les intérêts nationaux de chacun. Aujourd'hui, malgré les différences idéologiques, les relations entre les deux États lusophones demeurent normales et la proposition portugaise d'étendre l'Otan à l'Atlantique Sud et le partenariat avec le Brésil, précédemment rejeté, pourraient à présent être à nouveau examinés (16).

Quant aux relations avec l'Angola, ancien joyau de l'Empire en Afrique, elles se sont apaisées après une période de turbulences résultant de la mise en accusation de corruption de l'ancien vice-président angolais et ex-patron de la compagnie pétrolière nationale Sonangol, Manuel Vicente, par un procureur général portugais. De fait, le partenariat entre Lisbonne et Luanda demeure tributaire du poids grandissant de l'ancienne colonie qui regorge de pétrole. L'importance des investissements angolais au Portugal dans des secteurs très variés (aéronautique, audiovisuel, banque, énergie, vins, huiles d'olive, etc.) font de Lisbonne, à sept heures d'avion de Luanda, la première destination européenne pour la nouvelle bourgeoisie angolaise, avide de consumérisme effréné. Parallèlement, la crise a grossi les rangs de la communauté des expatriés portugais de 200 000 à 250 000 personnes. Chiffre comparable au nombre de « colons portugais » présents en Angola à la fin des années soixante.

L'autre pays extra européen qui compte pour le Portugal est le Venezuela, qui abrite une importante communauté de luso-descendants, ayant massivement émigré sous le régime de Salazar. Mais le torchon brûle entre Lisbonne et Caracas à mesure que ce pays d'Amérique du Sud s'enlise dans la guerre civile. Le secrétariat d'État aux communautés portugaises de la diaspora tente d'organiser le rapatriement d'une partie de ses compatriotes. Non sans difficultés. En février 2020, le président Nicolas Maduro interdisait l'accès de l'espace aérien vénézuélien aux appareils de la TAP, en mesure de rétorsion contre la compagnie portugaise qui avait transporté, à bord d'un vol Lisbonne-Caracas, l'opposant et président autoproclamé Juan Guaidó.

Trente-quatre ans d'intégration européenne, de croissance dopée par les fonds européens, de frénésie consumériste, puis de descente aux enfers, ont achevé la mue d'un Portugal réconcilié avec ses deux identités – atlantique et ibérique – qui jusqu'à il y a peu se tournaient le dos.

Immunisé en apparence contre la montée en puissance des partis illibéraux sur le Vieux Continent, le Portugal a fait montre de créativité et d'une certaine résilience. Mais c'est oublier la permanence de fragilités structurelles et en fin de compte un certain suivisme par rapport aux voisins européens. L'autre versant de la carte postale nous montre une population vieillissante, inquiète et en quête de nouveaux repères. Si quelques digues ont cédé à la pression populiste, ces évolutions ne marquent-elles pas la fin d'une certaine exception ? À l'image de l'apparition d'un autre parti, l'Iniciativa Liberal, cette formation qui, refusant le clivage droite gauche, prône un discours néolibéral. Bref un mouvement qui n'est pas sans rappeler la verve des Espagnols de Ciudadanos ou encore des Français de La République En Marche…

1. https://www.rtp.pt/noticias/politica/passos-coelho-sugere-emigracao-a-professores-desempregados_v510987
2. https://eco.sapo.pt/2019/10/01/divida-publica-subiu-para-252-mil-milhoes-de-euros-em-agosto https://www.publico.pt/2018/12/17/economia/noticia/turismo-vale-267-mil-milhoes-euros-portugal-1854994
3. https://www.politico.eu/article/antonio-costa-portugal-regions-champion-eu-budget-fight
4. https://www.tsf.pt/sociedade/densidade-populacional-do-interior-e-372-vezes-mais-pequena-que-no-litoral-9353160.html
5. https://www.publico.pt/2017/11/10/sociedade/noticia/2017-foi-o-ano-em-que-mais-ardeu-nos-ultimos-dez-anos--quatro-vezes-mais-que-o-habitual-1792480
6. https://www.dn.pt/lusa/cronologia-pelo-menos-200-mortos-desde-2000-em-incendios-2017-e-o-pior-ano-8848644.html
7. https://rr.sapo.pt/2019/01/26/pais/portugal-e-o-quinto-pais-mais-envelhecido-do-mundo/noticia/138781
8. https://www.publico.pt/2019/11/15/sociedade/noticia/numero-habitantes-portugal-1893850
9. https://iefponline.iefp.pt/IEFP/medFixacaoEmigrantes.do?action=overview
10. Un sondage de février 2020 accordait 6 % à ce parti le propulsant en cinquième force politique du pays devançant les centristes du CDS-PP. Https://www.jn.pt/nacional/chega-ja-vale-quatro-vezes-mais-e-ultrapassa-o-cds-e-o-pan-11825245.html
11. https://www.lemonde.fr/idees/article/2019/10/11/au-portugal-un-projet-de-musee-sur-la-dictature-de-salazar-fait-polemique_6015043_3232.html
12. https://www.publico.pt/2015/11/24/politica/noticia/francisca-van-dunem-a-primeira-mulher-negra-a-chegar-a-ministra-1715451
13. https://eco.sapo.pt/2018/01/26/da-google-a-amazon-tecnologicas-rumam-a-portugal-porque
14. https://www.dn.pt/lusa/cplpcimeira-organizacao-com-orcamento-de-590-mil-euros-para-2019-9609884.html
15. Entretien avec Nuno Severiano Teixeira, ancien ministre de la Défense du Portugal, vice-président de l'université Nova de Lisbonne et président de l'Institut portugais de relations internationales (IPRI), Lisbonne, juillet 2019.

LE SACRÉ-CŒUR NOUS SAUVERA-T-IL DU COVID-19 ?
L'étonnante persistance d'une dévotion controversée

› **Marion Dapsance**

En juin dernier, la Conférence des évêques de France a décidé de faire appel au Sacré-Cœur pour « accompagner la France qui se relève de la crise sanitaire du printemps 2020 » (1). Au cours d'une cérémonie solennelle à la basilique de Montmartre, les évêques, unis au chant émouvant des bénédictines, ont supplié le Christ de venir en aide à « toutes les composantes de la communauté nationale » et l'ont remercié « pour les multiples gestes fraternels à l'égard des plus démunis et pour le dévouement des soignants ». Cette longue prière de louange et de supplication était centrée sur le Cœur de Jésus, compris comme « le mystère même du Christ, c'est-à-dire la totalité de son être, ou le centre intime et essentiel de sa personne », signe et source d'un « amour infini à la fois humain et divin, vers le Père et vers les hommes, ses frères » (2). En communion avec les représentants des évêques de France, plusieurs ecclésiastiques ont également consacré leur ville au Sacré-Cœur, comme, à Lyon, Mgr Emmanuel Gobilliard, ou, à Marseille, Mgr Jean-Marc Aveline.

Cette pratique de la consécration d'une ville ou d'un pays au Cœur du Christ remonte à 1720, quand Mgr de Belsunce consacra la ville de Marseille alors en proie à une effroyable épidémie de peste. Pour Mgr de Belsunce, il s'agissait de détourner la colère de Dieu par une spectaculaire procession de pénitents suivie d'un acte de contrition public appelé « amende honorable » (3). Aujourd'hui, l'idée que la maladie serait une punition divine n'a plus guère cours. Pourtant, la pratique de la consécration au Cœur du Christ n'a pas cessé. Comme n'ont cessé non plus les consécrations personnelles, la pratique de « l'Heure sainte », la « garde d'honneur », « l'Intronisation du Sacré-Cœur dans les foyers », ou encore les pèlerinages à Paray-le-Monial, d'où émergea cette dévotion à la fin du XVIIe siècle. À vrai dire, la dévotion au Sacré-Cœur connaît actuellement une très grande vogue. Le sanctuaire de Paray-le-Monial est extrêmement actif, drainant de très nombreux visiteurs et retraitants chaque année, notamment parmi les jeunes (4). La basilique de Montmartre attire également de très nombreuses personnes – d'autant que l'année 2019-2020 a marqué les cent ans de sa consécration. De plus, la dévotion au Sacré-Cœur profite depuis quelques années de l'activité missionnaire d'une cinéaste, Natalie Saracco, qui témoigne dans les églises, sur Internet et dans un livre de son expérience de mort imminente et de sa « rencontre avec le Sacré-Cœur de Jésus » (5). Comment expliquer une telle popularité, alors que la dévotion est controversée depuis ses débuts (suspecte de nouveauté et d'idolâtrie) et a été associée au fil de notre histoire au conservatisme catholique, au royalisme et au pétainisme ?

La dévotion au Cœur du Christ s'inscrit dans la tradition mystique européenne et en particulier dans l'imaginaire de la Passion. Il était en effet courant, au Moyen Âge, de contempler les instruments de la Passion (croix, clous, couronne d'épines, etc.) et les blessures du Christ (plaies des mains, des pieds et du côté, blessures au front, cicatrices laissées par le fouet), non seulement pour en tirer des réflexions

> Marion Dapsance est docteur en anthropologie de l'École pratique des hautes études. Après avoir enseigné à l'Université de Columbia et à l'Institut catholique de Paris, elle est désormais professeur associée à l'Université Unicervantes de Bogotá. Dernier ouvrage publié : *Alexandra David-Néel. L'invention d'un mythe* (Bayard, 2019).
> › mdapsance@gmail.com

sur l'amour inconditionnel d'un Dieu martyrisé, mais également pour participer soi-même à l'acte de rédemption réalisé par le Sauveur (6). C'est ainsi que des phénomènes psychosomatiques tels que les stigmates ou la transverbération apparurent dès le XIIIe siècle : les dévots étaient si imprégnés des images et des sensations de la Passion qu'ils s'y identifièrent personnellement, étant « incorporés » au Dieu fait homme (7). La plaie de côté faisait l'objet d'une vénération toute particulière, étant considérée par l'évangéliste Jean comme la source même de l'Église (8). La plaie de côté est ainsi, culturellement parlant, l'ancêtre du Sacré-Cœur. Au fil des siècles, la plaie fut en effet remplacée dans les images et dans les textes par le cœur (9). Bien que la plupart des représentations montrent une blessure sur le flanc droit, il fut admis que le cœur du Christ avait été touché par la lance de Longinus, et que donc l'Église naissait de son cœur. La sacralisation de l'organe cardiaque vient en fait essentiellement de la théologie scolastique, qui diffusa les conceptions médicales d'Aristote, selon lesquelles le cœur est le centre vital du corps, tout en étant le siège des vertus (10). S'il y avait donc un endroit particulièrement sacré du corps du Christ, c'était bien son cœur.

Ces idées furent reprises et développées au début du XVIIIe siècle pour légitimer la nouvelle dévotion promue par Marguerite-Marie Alacoque, religieuse au couvent de la Visitation de Paray-le-Monial. Cette dernière affirma avoir reçu, entre 1673 et 1675, des visions du Christ lui montrant son cœur et lui demandant d'instaurer une nouvelle fête. Celle-ci devait honorer « le Sacré-Cœur », en tant que lieu et symbole de l'amour méconnu et outragé du Christ. Il s'agissait essentiellement d'une spiritualité de la « réparation », c'est-à-dire d'une pratique religieuse visant à obtenir le pardon pour les sacrilèges commis par les pécheurs, en particulier quand ces sacrilèges concernaient la Présence réelle (eucharistie). La dévotion se développa dans les couvents de la Visitation et chez les jésuites, puis dans le peuple et l'aristocratie, au point de devenir extrêmement populaire – tout en n'étant pas reconnue par l'Église. Cette dernière n'accordant officiellement aucune force contraignante aux « révélations privées », il fallait trouver d'autres motifs pour asseoir la légitimité et l'opportunité d'une fête en l'honneur du Sacré-Cœur. Ce que tenta de faire, peu de temps après la peste de Marseille, le père jésuite Joseph de Galliffet, d'abord à partir des considérations scolastiques sur le cœur, ensuite sur des fondements bibliques, enfin sur la base de l'expérience mystique de nombreux saints (11). La démonstration théologique de Galliffet fut tout d'abord rejetée, précisément parce qu'elle accordait trop d'importance à la notion de cœur physique, donnant ainsi raison aux détracteurs.

Tradition médiévale, culte de l'eucharistie et héritage biblique

La sacralisation du cœur physique du Christ s'explique aussi par le contexte culturel et politique qui prévalait au temps de Marguerite-Marie. Toujours à partir de considérations aristotéliciennes, les sociétés d'Ancien Régime (à partir du XIIe siècle) étaient marquées par ce que certains historiens ont pu appeler « la civilisation cordiale » (12). Contrairement à la civilisation moderne issue de la Révolution et bâtie sur la raison et le culte du progrès, l'Ancien Régime prônait un ensemble de vertus que l'on associait spontanément au cœur : liens de fidélité constitutifs de la féodalité et socles de la famille, amour courtois, noblesse, courage et générosité, préciosité. Le cœur était ainsi présent dans le langage, à travers tout un éventail d'expressions signifiant les plus grandes vertus humaines (« avoir du cœur », « mettre du cœur », « avoir le cœur noble » et certains surnoms comme « Cœur-de-lion », etc.). Plus encore, l'organe faisait l'objet d'un véritable culte, en tout cas lorsqu'il s'agissait de cœurs de rois, de reines ou de personnalités importantes : on enterrait ainsi, séparés du reste du corps, les cœurs royaux, qui faisaient souvent office d'intercesseurs pour la prière (13). Il est donc probable que les visions de Marguerite-Marie aient été plus influencées par ce contexte culturel que par la notion de « cœur » telle qu'elle apparaît dans la Bible – héritage biblique aujourd'hui privilégié par les théologiens du Sacré-Cœur. Et c'est parce que la religieuse vit d'abord dans le cœur du Christ un cœur de roi, symbole des anciennes valeurs aristocratiques, que la dévotion qu'elle popularisa a donné lieu à des usages politiques pendant et après la Révolution. Le Sacré-Cœur devint en effet l'emblème des Vendéens et des royalistes combattant par la repentance le fléau de la nouvelle peste, la peste de la République athée (14). Cette association au combat politique fut finalement rejetée par l'Église, notamment avec l'encyclique *Au milieu des sollicitudes* (1892) de Léon XIII, qui demanda le ralliement des catholiques à la République.

Cette histoire culturelle riche et complexe, faite d'emprunts successifs, d'innovations et de transformations, est précisément ce qui explique la popularité constante de cette dévotion. Le Sacré-Cœur allie, dans un contexte spécifiquement vieille France, la tradition médiévale des méditations sur la Passion, le culte de l'eucharistie, l'héritage biblique faisant mention du « cœur de Dieu », la vénération des cœurs de rois, l'univers englouti des vertus aristocratiques mettant au premier plan le don de soi, et non l'efficacité d'une froide administration. Les théories élaborées par les théologiens au sujet du Sacré-Cœur ont beaucoup varié au fil des siècles, les pratiques rituelles et sociales qui s'y rattachent également. Ce qui reste est d'abord un symbole, symbole renvoyant à diverses idées et croyances, à diverses coutumes, toutes caractérisées par leur profond enracinement dans la culture chrétienne occidentale, qu'elle soit d'origine biblique (avec la plaie de côté) ou profane (avec la civilisation cordiale). On comprend donc un peu mieux, à considérer à grands traits les origines de cette dévotion, qu'elle puisse encore servir de recours en cas de péril national : le Sacré-Cœur est à la fois une entité spirituelle pouvant obtenir la disparition des fléaux et une référence culturelle ancienne, qui évoque une solidarité charnelle entre les hommes. Si, au moment de l'épidémie de Covid-19, le réflexe de nombreux croyants a été de confier la population au Sacré-Cœur (plutôt qu'à la Vierge ou à saint Roch, spécialistes des épidémies depuis le Moyen Âge), c'est peut-être le signe d'un besoin accru de liens humains tangibles. Entre réseaux sociaux et confinement, il y avait là comme un appel du cœur.

1. Site de la Conférence des évêques de France, 8 juin 2020
https://eglise.catholique.fr/conference-des-eveques-de-france/cef/assemblees-plenieres/assemblee-pleniere-eveques-juin-2020/500540-priere-eveques-de-france-sacre-coeur
2. Congrégation pour le culte divin et la discipline des sacrements, *Directoire sur la piété populaire et la liturgie*, Principes et orientations, Cité du Vatican, 2001.
3. Les événements de Marseille sont notamment relatés par l'historien américain Raymond Jonas, dans *France and the Cult of the Sacred Heart: An Epic Tale for Modern Times*, University of California Press, 2000.
4. Voir le site Internet du sanctuaire : https://www.sacrecoeur-paray.org
5. Natalie Saracco, *Pour ses beaux yeux. Road Movie d'une cinéaste amoureuse du Christ*, Salvator, 2016.
6. L'idée d'une communion possible aux souffrances du Christ en vue de la rédemption du monde se base notamment sur l'Épître de saint Paul aux Colossiens (1:24) : « Ce qui manque encore aux souffrances du Christ, je le complète en ma chair. »
7. Voir Damien Boquet, « Incorporation mystique et subjectivité féminine d'après le Livre d'Angèle de Foligno », *Clio, Femmes, Genres, Histoire*, n° 26, 2017 (en ligne).
8. Évangile selon saint Jean (19:33-35), qui parle du sang et de l'eau jaillissant de la plaie, interprétés comme une manifestation du nouveau Temple.
9. L'évolution de l'iconographie est à cet égard très parlante. Voir David Morgan, *The Sacred Heart of Jesus. The Visual Evolution of a Devotion*, Amsterdam University Press, 2008. Pour une explication théologique dans un style accessible, voir Yves Ledure, *Spiritualité du Cœur du Christ. Ils regarderont vers celui qu'ils ont transpercé*, Nouvelle Cité, 2015.
10. Saint Thomas d'Aquin développa et imposa les théories médicales aristotéliciennes, notamment dans son *De Motu Cordis* (« Sur le mouvement du cœur »).
11. Joseph de Galliffet, *L'excellence de la dévotion au Cœur adorable de Jésus-Christ*, version latine 1626, version française 1633.
12. Voir notamment Jean Nagle, *La Civilisation du cœur. Histoire du sentiment politique en France du XIIe au XIXe siècle*, Fayard, 1998.
13. *Idem*, p. 14 et suivantes.
14. Sur les usages politiques de l'image du Sacré-Cœur (par les Vendéens, les royalistes et les catholiques traditionalistes), voir notamment Raymond Jonas, *France and the Cult of the Sacred Heart: An Epic Tale for Modern Times, op. cit.*, et Jacques Marx, « Sur la terre du remords. Le Sacré-Cœur et la France au XIXe siècle », dans *La Sacralisation du pouvoir. Images et mises en scène*, édité par Alain Dierkens et Jacques Marx, Éditions de l'Université de Bruxelles, 2003.

VOUS REPRENDREZ BIEN UN COOKIE ?

› **Kyrill Nikitine**

Selon la résolution adoptée par le Conseil d'État des droits de l'homme en mars 2017, « les droits dont les personnes jouissent hors ligne doivent également être protégés en ligne, y compris le droit à la vie privée » (1). En 2020, tout citoyen est désormais doté d'un double virtuel. Je suis à la fois un citoyen hors ligne et un citoyen en ligne. Mais sur quelles bases construire mon identité civile virtuelle et toutes les données dont je suis le seul et unique propriétaire ?

Alors que la confiance des usagers est mise à rude épreuve par les Gafa (les quatre géants du Web : Google, Apple, Facebook et Amazon) et certains gouvernements, des ingénieurs informaticiens tentent de débarrasser Internet du virus du business des données. C'est le miracle numérique du Big Data : Facebook, avec plus de 55 milliards de dollars de revenus par an, et Google, atteignant les 136, sont tous deux gratuits (2). Comment défaire les astuces d'un tel tour de magie ?

C'est la mission du projet Solid lancé en 2018 par l'inventeur du Web, Tim Berners-Lee : séparer la gestion des données des applications qui peuvent les intégrer et les utiliser, ce qu'on appelle plus généralement « processus de décentralisation ». Cette plateforme redonne à l'utilisateur les pleins pouvoirs sur ce qu'il laisse et stocke en dehors et sur Internet. Tout le modèle économique des Gafa repose sur la collecte centralisée de milliards de données personnelles, le Big Data : décentraliser le système et le rediriger vers les utilisateurs renverserait ce modèle. Selon Ruben Verborgh, professeur en informatique à l'université de Gand et participant au projet, c'est la fin d'une ère très brève tout comme la fin de son modèle économique très limité : « De nombreux géants du numérique ont bâti leur business sur la collecte des données personnelles, mais ils savent pertinemment que ce modèle est fini. Ils ne font que presser le citron jusqu'à la dernière goutte. (3) »

Ni Gafa ni maître

Comment ça marche ? Vous créez un *pod* (module de stockage) pour stocker vos données et restez leur unique propriétaire. L'utilisateur peut se doter de plusieurs modules (personnel, professionnel, médical, etc.) qui établissent, grâce à des codes de sécurité, plusieurs degrés de confidentialité. Toutes ces « portes d'autorisation » délimitent le territoire virtuel à travers lequel les données peuvent circuler et cible les acteurs virtuels qui peuvent avoir accès ou non à celles-ci. Tout est entièrement décidé par le propriétaire. Aucun des Gafa ne peut copier vos données. En revanche, vous pouvez continuer d'utiliser toutes ces plateformes et applications : « Prenons l'exemple de vos photos sur Facebook. Vous vous sentez obligé d'y stocker vos photos pour les partager avec vos amis. Tout le monde a le choix : mettre de l'argent sous son lit ou le mettre à la banque. Tout le monde le mettra à la banque sans hésiter. Ici, c'est pareil. Nous donnons le choix dans les procédés de stockage, de diffusion et d'autorisation. (4) »

Mais la spécificité du projet, c'est la collaboration avec un gouvernement. Un consensus novateur aux yeux de l'informaticien belge : « Au-delà de cette nouvelle perspective des usages personnels, c'est

Kyrill Nikitine est écrivain et journaliste. Il a publié *Le Chant du derviche tourneur* (2011).
› knikitine@yahoo.com

une solution pour tous les gouvernements et les entreprises pour qui la gestion des données personnelles est devenue très complexe et surtout très coûteuse. (5) »

Une première dans l'histoire du Web. En effet, le gouvernement belge a accepté en 2019 de tester une partie de ses interactions sur Internet à travers ce protocole. Tout utilisateur de Solid sera doté d'un *citizen profile* avec une adresse d'identification (adresse ID) par lequel le gouvernement devra passer pour demander la permission d'utiliser certaines données. Au même titre que les citoyens, les différents organes du gouvernement auront également une adresse d'identification : citoyen et dirigeants sur le même niveau virtuel ? Le modèle est lancé.

Pour Célia Zolynski, professeure de droit du numérique à l'université Paris-I, ce modèle participe à la fois d'innovations techniques et politiques : « Au-delà de la seule récupération des données, il paraît aujourd'hui nécessaire de donner à l'individu le pouvoir d'agir pour exercer un contrôle d'usage de ses données. Pour cela, il faut ajouter une nouvelle composante afin d'assurer l'*empowerment* (l'autonomie) de l'utilisateur au regard du traitement de ses données : son "agentivité". Cela reviendrait à considérer l'utilisateur comme un agent du système. Il s'agirait ici de mettre en exergue sa capacité d'action sur le système, sa capacité à le transformer, à l'influencer. (6) »

David contre Goliath

En effet, comment permettre à l'utilisateur de remettre la main sur ses propriétés virtuelles ? Données sur notre santé, données physiologiques comme la race, le sexe, la couleur des yeux, traces ou historiques laissés par l'utilisateur pouvant être utilisés à des fins économiques ou entrepreneuriales, ces myriades d'informations sont devenues le nerf de la nouvelle guerre économique. Selon une étude menée par cinq grandes universités (dont le Massachusetts Institute of Technology, MIT) sur les « logiciels de consentement » et les éditeurs, 9 sites Internet sur 10 ne respectent pas les conditions minimales du cadre légal concernant le respect de la vie privée.

Les utilisateurs en sont conscients, le « pacte » qui les lie à la majorité des sites prend le dessus : la gratuité de leurs services contre leurs données. Mais, selon une étude publiée par le site IntoThe-Minds portant sur 25 pays européens, seulement 3 plaintes en moyenne pour 10 000 habitants furent déposées en 2018 (7). Nos revendications concernant la vie privée sont au cœur des débats, mais notre pouvoir d'agir est tout autre. Face aux géants du Web, que vaut une plainte ? Seules les puissances juridiques de l'Union européenne peuvent faire payer les Gafa. En 2019, la Commission nationale de l'informatique et des libertés (Cnil) avait condamné Google LLC à une amende de 50 millions d'euros pour « manque de transparence, information insatisfaisante et absence de consentement valable pour la personnalisation de la publicité » (8). Si toutes ces amendes font l'actualité – la dernière en date, à l'issue du procès intenté par la Data Protection Commission, la Cnil irlandaise, en mai 2020, pourrait en théorie s'élever à 4 % du chiffre d'affaires de Twitter et de WhatsApp (9) –, un problème plus complexe a surgi : outre le fait de nourrir financièrement nos institutions et de tenter de faire respecter la loi, cela entraîne-t-il un véritable changement au cœur même des logiciels et dans la façon dont nous les utilisons ?

Il faudrait ne plus jouer à la chasse aux taxes et aux amendes, mais s'appliquer à la mise en place d'une « prévention algorithmique ». Pour Francesca Musiani, chercheuse au CNRS et directrice du Centre Internet et société, nous devons changer de cible : « C'est tout l'enjeu du problème : les institutions doivent s'intéresser aux algorithmes qui sont en amont des utilisations et cesser de réagir uniquement en aval. (10) »

Seul dans la matrice

En France, un projet pionnier a vu le jour, Cozy, un logiciel produit par la société Cozy Cloud qui suit le protocole PDMS ou système de gestion de données personnelles. Un coup de maître dans le domaine de l'agentivité. Ce logiciel se présente comme un bouclier entre l'utilisateur et toutes les applications ou plateformes numériques. Basé sur un code de sécurité, il oblige toutes les applications (réseaux sociaux, banques, plates-formes de vente, etc.) à passer par son filtre.

Réduire les intermédiaires entre l'utilisateur et ses données est un défi technique qui vient de commencer. Selon Nicolas Anciaux, directeur de recherche et spécialiste des systèmes de gestion de données personnelles décentralisés à l'Institut national de recherche en informatique et en automatique (Inria), la difficulté de traduire un contrôle d'usage et une navigation à la fois libre et sécurisée en termes informatiques est un véritable casse-tête : « Aujourd'hui, notre principale difficulté, c'est de mettre au point cette "racine de sécurité" qui permet une gestion personnelle des données sans passer par des intermédiaires. » En effet, cette façon de travailler en amont se décide dès la fabrication : « Dans un cadre médico-social, nous avons pu mettre au point une "box" sécurisée : les données ne peuvent être utilisées que de "N-façon" et pas autrement. Ce type de stockage et de gestion des données est programmé initialement par son utilisateur grâce à une racine de sécurité et n'a besoin d'aucun intermédiaire. (11) »

Mais qui dit absence d'intermédiaire dit déplacer les responsabilités sur l'usager. Sera-t-il capable de les endosser ou aura-t-il besoin de nouvelles institutions ? Verrons-nous alors tous ces réseaux virtuels s'institutionnaliser comme nos territoires civils et physiques ? Rien n'est moins sûr pour Francesca Musiani : « Il existe trop de communautés différentes sur Internet pour que des United Communities of Internet puissent exister. Mais certaines communautés s'allient effectivement. C'est le but des réseaux fédérés. (12) » Pour Ruben Verborgh, cette perspective manque ce qui fait l'essentiel du Web, la liberté de naviguer : « Je pense que nous devons surtout donner des options aux utilisateurs. (13) »

Ainsi, si le Web ne saurait être autre chose que ces milliards d'étoiles indépendantes que sont ses milliards d'utilisateurs, le défi technico-juridique s'annonce de taille. Il faudrait un pont entre la réalité et la virtualité que le droit est loin d'avoir entièrement construit, comme nous le rappelle Francesca Musiani à propos des modèles de décentralisation les plus radicaux : « Le droit a pour habitude de déterminer des responsabilités, des droits, des devoirs, des interdictions, des conditions entre des personnes physiques ou morales fixes et dans des juridictions déterminées ou localisées. Or ces nouveaux systèmes ne sont pas localisés en un ou plusieurs lieux déterminés, mais ils fragmentent les données dans un processus partagé entre des acteurs qui n'ont pas de contrôle ni de visibilité complète sur ce qui circule. La fragmentation des données conduit à l'anonymat relatif des acteurs et à un brouillage des responsabilités. C'est pour ça qu'on remarque au sein de ces communautés une nécessaire "responsabilisation" des usagers. Mais la collaboration et la responsabilité sociale n'équivalent pas à la responsabilité civile ou pénale. (14) »

1. Résolution adoptée par le Conseil des droits de l'homme le 23 mars 2017 par l'Assemblée générale des Nations unies, Conseil des droits de l'homme, 34ᵉ session.
2. Sources : données des entreprises réunies par Statista (2019).
3. Propos recueillis par Kyrill Nikitine.
4. *Idem.*
5. *Idem.*
6. *Idem.*
7. Https://www.intotheminds.com/blog/statistiques-rgpd-europe
8. Cnil, « Délibération de la formation restreinte n° SAN 2019-001 du 21 janvier 2019 prononçant une sanction pécuniaire à l'encontre de la société Google LLC ».
9. « Irish DPC submits Article 60 draft decision on inquiry into Twitter International Company's compliance with Articles 33(1) and 33(5) of the GDPR », Dataprotection.ie, 22 mai 2020.
10. Propos recueillis par Kyrill Nikitine.
11. *Idem.*
12. *Idem.*
13. *Idem.*
14. *Idem.*

CRITIQUES

LIVRES

176 | Convalescences et réinvention de soi
› **Michel Delon**

178 | Jean-Philippe Toussaint n'est pas avare en émotions
› **Patrick Kéchichian**

181 | Ce monde des musées de Krzysztof Pomian
› **Eryck de Rubercy**

183 | Les raisons du cœur
› **Stéphane Guégan**

186 | Jacques Laurent, la destruction des illusions
› **Frédéric Verger**

FILMS

189 | Filmer la guerre
› **Richard Millet**

MUSIQUE

192 | Deux enfants d'Henri Dutilleux
› **Olivier Bellamy**

EXPOSITIONS

195 | Le travail est-il représentable ?
› **Bertrand Raison**

LIVRES
Convalescences et réinvention de soi
› Michel Delon

Dans la récente exposition du musée d'Orsay consacrée à James Tissot, une toile attirait le regard. Un mobilier de rotin est installé au bord d'un bassin dans un parc automnal. Une dame âgée, la mère sans doute, quitte son livre pour surveiller le somme d'une jeune femme allongée, tout de blanc vêtue. La toile se nomme « La Convalescence ». De quelle maladie la belle alanguie se remet-elle ? Elle sourit dans un demi-sommeil, tandis que, sur un troisième siège, une canne et un chapeau d'homme ont été abandonnés. Où leur propriétaire s'est-il éloigné ? L'amour représente-t-il la maladie ou bien le remède ? Annonce-t-il un retour à la vie active ou bien un vertige et quelque drame ? Telle est l'ambivalence de la convalescence qui a inspiré les romanciers et à laquelle Daniel Ménager a dédié un bel essai (1).

Longtemps, cet état a semblé une simple transition. La guérison était pensée comme un retour à un équilibre antérieur. Le schéma de pensée restait sans doute religieux. Les récits de miracles faisaient soudain se dresser les mourants et les saints thaumaturges rendaient la vue aux aveugles. Les rythmes lents du corps humain étaient brusqués par la soudaineté de la grâce. Un doute s'est pourtant instauré : cet entre-deux qui n'est plus la maladie et pas encore la santé, où la fièvre a été combattue mais où il faut réapprendre à vivre, n'a-t-il pas sa spécificité et ses secrets ? La fatigue qui étreint le convalescent, l'engourdissement qui l'emprisonne dans son lit invitent à des aventures dont les médecins n'ont pas tant parlé, mais dont la littérature s'est emparée. La plus longue convalescence de notre histoire romanesque se trouve dans *L'Astrée*. Céladon, qui se croit abandonné par celle qu'il aime, se jette dans le Lignon. Sauvé de la noyade, il est pris en charge par une nymphe, une confidente et un druide. Par eux, il est encouragé à écrire son histoire et conduit à se travestir. Il a échappé à la mort, il n'échappera pas à une remise en cause radicale de ce qu'il était. Il reviendra à la santé, mais ne sera plus jamais le même, ce qui lui permettra de retrouver l'amour. Céladon ouvre la voie à tous les diaristes qui racontent leur traversée du désert et leur apprentissage d'une sensibilité nouvelle. Amiel note au retour d'une promenade de santé : « Je ne me reconnaissais pas. Ce n'était plus le même homme qu'avant-hier. On aurait dit une convalescence. » Mais la suite du journal après cette bouffée d'optimisme suggère que le professeur genevois reste enfermé dans un tête-à-tête avec la maladie et condamné à une étrangeté sans remède.

Zola imagine le Paradou, paradis sensuel où l'abbé Mouret découvre les couleurs, les saveurs de la nature et la beauté d'une femme. La médecine moderne invente le sanatorium où le temps s'étire entre la maladie pulmonaire et la jouissance de la montagne. Scandé par les prises de température, l'emploi du temps y est érigé en règle de vie. Thomas Mann dans *La Montagne magique* (1924), Paul Gadenne dans *Siloé* (1941) ont longuement exploré cette transformation de la durée. Une acuité nouvelle aux bruits et aux odeurs se confond avec les surprises du désir. Durant la guerre, les infirmières hantent la somnolence des militaires blessés. Mais Alain, « feu follet » dont Drieu la Rochelle retrace les derniers jours dans une maison de repos après une cure de désintoxication, ne se réconcilie pas avec lui-même. Il a renoncé à la maîtrise du monde, il renonce finalement à vivre.

Entre l'illusion d'un retour à la santé et le suicide, certains personnages acceptent que la vie soit une longue maladie. Dans *Guerre et Paix*, Pierre Bezoukhov a survécu aux privations et aux souffrances de la captivité. Il tombe malade plus tard et consacre sa convalescence à une longue interrogation intérieure. Il renonce aux faux-semblants de la maîtrise et convertit sa myopie oculaire en une myopie métaphysique, faite tout à la fois de bienveillance envers ses semblables, d'ironie aristocratique et de mélancolie radicale. Il refuse de regarder trop loin. La convalescence mûrit certaines conversions religieuses, mais Nietzsche s'en prend au christianisme qui ne serait que le recours des âmes malades. Il appelle au « courage de la santé » et pratique la marche en plein air pour casser l'obscure complaisance envers la maladie. Le convalescent doit reconquérir son corps et acquérir la « grande santé » qui lui assure le dépassement des catégories traditionnelles. La grande santé, explique Daniel Ménager, n'est pas « le superlatif de la santé ». Elle est peut-être la rencontre du corps et de l'ironie.

Il revenait sans doute à un médecin de raconter la maladie humaine sans retour ni rémission. Le Dr Destouches vante les avancées hygiénistes de l'obstétricien hongrois Semmelweis, il croit au progrès de la science, mais la Grande Guerre, la misère sont autant de traumatismes dont aucune thérapie ne vient à bout, qu'aucune convalescence ne met à distance. Le romancier du *Voyage au bout de la nuit* risque : « La grande fatigue de l'existence n'est peut-être en somme que cet énorme mal qu'on se donne [...] pour ne pas être profondément soi-même, c'est-à-dire immonde, atroce, absurde. » L'homme Céline a finalement choisi d'être immonde, atroce, absurde. Contre cette absurdité, un rescapé des camps de la mort a proposé de nommer résilience la force de résistance de la vie et la victoire au terme d'une lente convalescence qui, tout au bout de la nuit, fait retrouver l'amour.

1. Daniel Ménager, *Convalescences. La littérature au repos*, Les Belles Lettres-essais, 2020.

LIVRES
Jean-Philippe Toussaint n'est pas avare en émotions
› Patrick Kéchichian

J'ai toujours été convaincu que la séparation, donnée pour évidente, notamment en littérature, entre les dimensions, intime d'une part, collective, publique, solidaire dans les meilleurs des cas, de l'autre, est un leurre, une illusion, parfois volontaire, assumée, le plus souvent non. Car, en réalité, cette frontière est toujours poreuse, tremblante, arbitraire, destinée à rassurer l'angoissé reclus dans son château (sa masure en réalité) intérieur. Même s'il ne le théorise pas ainsi – il a mieux à faire! – Jean-Philippe Toussaint alimente l'interrogation, renforce le doute, accrédite le ruissellement. Son nouveau cycle romanesque, commencé l'an dernier avec *La Clé USB*, se poursuit (et s'élargit) dans ce nouveau roman, subtil et millimétré (1). À première vue, le titre peut sembler minimaliste, comme souvent chez Toussaint. Or, il est juste, précis, évocateur de ce dont il va être précisément question – avec ce pluriel que l'auteur dégage de sa banalité. Des émotions, il y en aura donc plusieurs… Mais soyons franc : une nette et explicite préférence est accordée au versant sexuel, érotique, de nos humains émois, que Toussaint rapproche, classiquement mais à sa façon, de celui de la mort.

Un certain Jean Detrez est, comme dans le précédent roman, au centre, dans la position du narrateur, celui qui raconte, se souvient, se projette – guère à vrai dire, pour ce qui est de sa vie personnelle. Ah, on est loin du Monsieur Je-sais-tout, de l'omniscient raconteur de sa propre histoire, celle dont il aurait une parfaite maîtrise ! Le décor et la chronologie sont plantés dès les premières pages. La Grande-Bretagne vient de voter le Brexit ; Trump s'apprête à conquérir la Maison-Blanche… Comme toujours chez l'auteur de *La Salle de bains*, tout est dûment repérable, circonscrit, rapporté à notre histoire quotidienne. Les rues ont un nom, les événements, privés ou publics, une date, une heure. Notre homme est toujours fonctionnaire européen, spécialiste de prospective, cette science dont le but est « de repérer les principales métamorphoses qui couvent à bas bruit dans la société avant qu'elles ne s'expriment au grand jour… »

La première des trois parties du roman fait la part belle à cette science, tout en en montrant les profondes incertitudes, les fantaisies également, alimentées par la psychologie, l'intimité donc, des protagonistes siégeant au Berlaymont de Bruxelles. Du côté de la vie privée, le mariage de Jean avec Diane « est en train de sombrer ». En un paradoxe qui pourrait faire sourire, l'avenir du prospectiviste est « devenu irrémédiablement opaque ». Il en fait d'ailleurs lui-même l'aveu : « en amour, il n'y a pas de méthode ». Dans la deuxième partie, quelques mois après le vote anglais en faveur du Brexit, en décembre 2016, le narrateur enterre son père, Jean-Yves Detrez, « diplomate et professeur d'université, qui avait été commissaire européen à la recherche ». Il y a là toute la famille, dont Pierre, le frère cadet architecte comme son grand-père et son arrière-grand-père, qui s'est fait une réputation en inventant le « concept d'*architecture interstitielle* ». Beau et fin portrait du père, avec ses fragilités et son assurance, avec surtout cette conscience des « entre-deux de la vie, dans les moments de suture, d'articulation, de charnière ». Diane est absente, mais pas la chaleureuse Elisabetta, la première épouse, avec leur fils Alessandro. « Quelque chose de sensuel et de moelleux » rapproche fugacement l'ancien couple. Mais le deuil est bien là, qui alimente les souvenirs, les bons et les mauvais, parfois confondus. Ainsi, en « un raccourci saisissant de ce qu'était la vie, l'écoulement d'une vie, le destin d'une vie d'homme », Jean se remémore quelques épisodes de son existence antérieure, de ses amours contrariées, dont une superbe, érotique et minutieusement décrite scène primitive, dans « le bain de Diane ». Alors, il faut encore penser, méditer... « Ce sont souvent d'infimes moments qui sont décisifs dans notre vie, qui ne tiennent à rien – un choix, une impulsion, un hasard, un retard – et dont on perçoit rarement l'enjeu au moment où on les vit. »

Dans la troisième et dernière partie, où le nom de Stefan Zweig est cité comme point de repère qui universalise – « l'Europe, toujours l'Europe » – en quelque sorte le propos intime du livre, un volcan entre en éruption, le 8 avril 2010. Il s'agit du fameux et imprononçable Eyjafjöll islandais – ou même « l'Eyjafjallajökull pour les mieux informés, ou pour les plus pédants ». Le ciel s'assombrit, envahi par les cendres. Alors, les fonctionnaires européens réfléchissent au devenir immédiat du transport aérien. D'une manière inattendue, gravement savoureuse, une seconde scène érotique, aussi intense mais moins aboutie que la première, a lieu, dans les couloirs secrets et enterrés de l'institution européenne cette fois... N'en disons pas davantage. Ou juste, pour le plaisir, le nom de l'éphémère Dulcinée : Pilar Alcantara. Don Quichotte lui-même en eût été troublé...

1. Jean-Philippe Toussaint, *Les Émotions*, Éditions de Minuit, 2020.

LIVRES
Ce monde des musées de Krzysztof Pomian
› Eryck de Rubercy

Lorsque, il y a une trentaine d'années, Krzysztof Pomian publia *Collectionneurs, amateurs et curieux* (1) – ouvrage consacré à cette bien étrange activité qui vise à rassembler des objets pour constituer une collection –, on avait considéré que personne n'avait mieux analysé la genèse du musée. Dans *Des saintes reliques à l'art moderne* (2), Pomian développait certains aperçus qui émaillaient son livre précédent sur la collection. Par exemple que l'idée de musée ne peut se comprendre sans faire référence à cette transformation initiale qui lui a donné naissance et qui fait qu'une peinture n'est pas un tableau quand elle est dans une église (mais un objet liturgique), et qu'une peinture qui, dans un palais, est un portrait de personne illustre ou une scène historique, ne devient tableau qu'au moment où elle entre au musée. Assertion qui rappelle d'ailleurs cette phrase d'André Malraux : le musée est « le premier lieu de la peinture, celui qui sépare l'œuvre de son implantation d'origine, qu'il s'agisse d'une cathédrale, d'un palais ou d'un appartement hollandais ». Pomian précise qu'« une œuvre qui n'est pas pleinement une œuvre d'art parce qu'elle assume chez un particulier ou même dans un lieu public une fonction décorative, commémorative, éducative ou utilitaire, devient au musée une œuvre d'art » (3).

Une histoire des collections allant forcément de pair avec celle des musées, le temps aura finalement conduit Pomian à écrire une *Histoire mondiale des musées*, dans une perspective à la fois politique, sociale et culturelle, dont vient de sortir chez Gallimard le premier de trois tomes à paraître sur deux ans (4). Du temps, il en aura aussi fallu pour que le musée trouve sa forme et sa fonction de conservation, d'étude et d'exposition des objets. Ainsi son apparition est-elle assez récente : au début du dernier tiers du XVe siècle, en Italie, d'abord à Rome, quand des statues antiques en bronze furent déposées par un souverain pontife au Capitole. « C'est en effet, un nouvel usage des antiques que celui qui consiste non pas à les employer, ne serait-ce que pour signaler un lieu de pouvoir, mais à les mettre en valeur en qualité de supports de mémoire et d'exemples du beau. » Et cela, en les installant dans le Palais des Conservateurs, siège des autorités municipales de Rome, c'est-à-dire en un lieu « chargé lui-même de souvenirs à un degré exceptionnel », qualifié en latin de *museum* pour la première fois en 1515. Mot employé au sens moderne en tant qu'il désigne – en complète différence avec les trésors et les collections particulières – « toute collection publique d'objets naturels ou artificiels exposée dans un intérieur séculier ou sécularisé et destinée à être préservée pour un avenir indéfiniment lointain ».

Pomian nous rappelle que Paolo Giovo, francisé en Paul Jove, est le premier auteur à avoir conféré au mot « musée », qu'il a pu, certes, utiliser parfois comme un nom propre, la signification qu'il a encore aujourd'hui. Il est aussi le premier particulier, collectionneur, à avoir exigé que sa collection de portraits d'hommes illustres soit préservée après sa mort, au point qu'elle eut, en effet, une longue postérité. Il est enfin un inspirateur de la Galerie de Florence, de l'Antiquario de Venise et du Musæum de Milan qui, existant toujours, sont tous les trois des modèles de collections publiques sans précédent. Pomian de conclure qu'« à tous ces titres, Giovo est un acteur central de l'histoire du musée à ses débuts ».

C'est cette histoire que Pomian développe avec une érudition prodigieuse. Le voilà remontant à la Chine des Han, à l'Égypte pharaonique et à la Grèce antique pour nous montrer qu'on ne saurait assimiler les trésors aux musées, avant d'en venir à l'Empire romain où les préoccupations esthétiques prennent petit à petit le pas sur les scrupules religieux. Mais que ce soit en Chine ou à Rome, c'est étonnamment « à peu près au même moment que les collections particulières y apparaissent », et qui plus est, « selon le même modèle », car « tout comme en Chine, la collection particulière se greffe à Rome sur les trésors des lignages ». Puis vient le temps de la chute de Constantinople qui est aussi celui de l'Empire romain. Une histoire des trésors dans la chrétienté sépare alors d'un millénaire la disparition de cet Empire romain de la renaissance des collections particulières au milieu du XIVe siècle.

Dans cette histoire, il y a un moment capital, celui où, deux siècles avant que Giovo ne fournisse un modèle de musée, l'exemple de Pétrarque incite les humanistes à former des collections particulières, et où Charles V, roi de France, donne la même idée aux princes. Toutes collections d'origine savante ou princière qui « ont fini pour une part importante dans les musées, par des voies parfois tortueuses et à des dates variables ». Des musées qui sont encore exclusivement italiens jusqu'à ce qu'ils commencent, dans la seconde moitié du XVIIIe, à se multiplier à l'extérieur de l'Italie, entre autres issus des *Kunstkammer* que Pomian distingue selon qu'elles relèvent de l'espace catholique ou protestant, puisque seules ces dernières donneront naissance à des musées. À cet égard, l'on ne saurait assez vanter la rigueur scientifique des recherches passionnées de Pomian qui font de son *Histoire mondiale des musées*, qu'aucun auteur n'avait écrite avant lui, une réussite absolue.

1. Krzysztof Pomian, *Collectionneurs, amateurs et curieux. Paris, Venise : XVIe-XVIIIe siècle*, Gallimard, coll. « Bibliothèques des Histoires », 1987.
2. Krzysztof Pomian, *Des saintes reliques à l'art moderne. Venise-Chicago : XIIIe-XXe siècle*, Gallimard, coll. « Bibliothèques des Histoires », 2003.
3. Voir Krzysztof Pomian, « La métamorphose des œuvres » in *Revue des Deux Mondes*, juin 2006, p. 121-135.
4. Le second volume traitera de *L'ancrage européen des musées, de la Révolution française aux années 1850*, et le troisième, *À la conquête du monde, de la Révolution industrielle à nos jours*.

LIVRES
Les raisons du cœur
› Stéphane Guégan

Arles et la vie solaire ne coupèrent nullement Vincent Van Gogh de sa dévotion précoce aux romans « si anglais » de George Eliot, pétris d'un christianisme altruiste, social, et dégagé du rigorisme anglican comme de certains de ses dogmes. La correspondance s'en est fait l'écho. Van Gogh a brûlé, cet être de feu, à la lecture d'*Adam Bede* et de *Félix Holt, le radical*, à l'évangélisme d'en bas des *Scènes de la vie du clergé*, mais aussi à l'intensité amoureuse et sacrificielle du *Moulin sur la Floss* et de *Middlemarch*, que La Pléiade réunit aujourd'hui. Ce judicieux parallélisme nous rappelle que les mêmes désirs ne conduisent pas aux mêmes fins les jeunes femmes en rupture de ban (1). Si les lettres du peintre se taisent au sujet d'Eliot après 1883, il en est une qui montre que l'idéal religieux et politique de la romancière, sa capacité imageante à faire voir et sentir, ne l'a jamais déserté, même en Provence. Ainsi, à son frère Theo, le 24 septembre 1888, confie-t-il ceci : « Je lis dans la *Revue des Deux Mondes* sur Tolstoï – il paraît que Tolstoï s'occupe énormément de la religion de son peuple. Comme George Eliot en Angleterre. » De fait, dix jours plus tôt, l'un des plus éminents contributeurs de la *Revue des Deux Mondes*, spécialiste de la Russie, futur pourfendeur de l'antisémitisme comme de l'athéisme, plaideur de la cause arménienne, Anatole Leroy-Beaulieu, s'était penché sur la religion de Tolstoï, plus consolante que transcendante, plus soucieuse de faire le bien que de dénoncer le mal, plus organique que disciplinaire (2). Les « livres d'éveil » d'Eliot, comme les qualifiait Van Gogh, demandent qu'on les lise ainsi, par-delà leur force romanesque et leurs appels à la modernité narrative d'une Virginia Woolf, grande prêtresse de l'éliotisme (3), au même titre que Tolstoï, Proust, Brunetière et, aujourd'hui, Mona Ozouf (4).

Si *Daniel Deronda* (5) est le roman sioniste d'Eliot, *Félix Holt, le radical*, son roman le plus ancré dans les déchirures et les violences d'une Angleterre se démocratisant avec retard et peine, *Le Moulin sur la Floss* passe pour le plus autobiographique, en ce qu'il entrelace la rumeur de ces débats, comme les décloisonnements sociaux en cours, à l'évocation d'un destin de femme, rythmé par l'enfance et son paradis à éclipses, les premières trahisons de l'adolescence, la découverte d'une éthique supérieure aux petitesses de la collectivité et aux limites de la condition féminine, les conflits enfin de la morale intérieure et de l'épanouissement sentimental… Proust pleurait chaque fois qu'il rouvrait l'histoire fatale de Maggie et Tom, c'est qu'il en saisissait instinctivement l'authentique et déchirant substrat.

George Eliot, que Van Gogh croyait homme, est née Mary Ann Evans, en novembre 1819, quelques mois après la future reine Victoria, l'une de ses lectrices à venir. Assez dissemblables furent leurs enfances cependant… Affublée d'une laideur qui la poursuivra, mais d'une intelligence et d'une sensibilité dont elle dotera les plus beaux personnages de son sexe, elle voit le jour en milieu rural, parmi la classe moyenne des travailleurs de la terre, le père est régisseur, la mère fille de fermiers. Dans les Midlands que ses romans font revivre, il n'est pas donné à tous d'échapper aux routes tracées. Les études, où elle brille et s'éprend à jamais des *Pensées* de Pascal, font miroiter une alternative au sort commun. Puis la disparition rapide de ses parents la prive d'une situation sociale convenue, au contraire de son frère et de sa sœur aînée. Entretemps, Mary Ann a renié, non le Christ, mais le protestantisme institué au contact du courant évangélique et des radicaux de Conventry. À 31 ans, l'orpheline déclassée y prend la tête de la sulfureuse *Westminster review*, traduit Feuerbach (phare du jeune Marx) et s'éloigne un peu plus du surnaturel vertical qu'on sermonne au temple. La concorde horizontale entre les hommes doit se substituer concrètement à l'ancienne foi : ce sera l'une des perspectives essentielles et existentielles de ses romans.

L'autre est la plénitude de l'union d'amour, scellée contre toutes les entraves qu'oppose la société à l'élan des cœurs et des corps. Le lecteur d'Eliot n'oublie jamais d'où elle vient littérairement. Jeune, elle a dévoré Walter Scott, Byron, Jane Austen, mais aussi, sauf erreur, le roman gothique d'avant 1800 avec son sadisme tourné en plaisir, qui peut prendre le visage et le vêtement noir des parangons de vertu. Rien ne démontre mieux que *Middelmarch*, son chef-d'œuvre, l'intrusion consciente de l'extraordinaire romantique dans le drame ignoré des vies ordinaires, espace d'un héroïsme de l'ombre ou du scandale, d'un toujours possible refus des oukases qui se disent intangibles (6). Douze ans après *Le Moulin*, ce roman de 1000 pages en redéploye la matière intime à l'échelle d'un récit panoramique, à multiples focales et destinées, magistralement cousues ensemble. Le titre désigne le lieu de leur affrontement, tragique ou heureux, brutal ou cocasse, car il n'est pas de réussite individuelle sans victoire sur les réalités, plus ou moins asphyxiantes, du monde extérieur. En lectrice d'Edmund Burke, en fidèle de Pascal, Eliot croit autant au besoin des héritages qu'à la capacité de les réexaminer à la lumière du présent. Étanche aux lubies des révolutionnaires en chambre, elle se déclare plus libérale (*whig*) que radicale ; de même, son proto-féminisme, aujourd'hui stigmatisé par les ultras de la libération des femmes, n'écarte ni l'option domestique ni le choix de la maternité à deux. D'une certaine manière, la plus complète de ses affranchies galvanisantes reste Dorothea Brooke, l'héroïne de *Middelmarch*, à partir de laquelle la ville entière se découvre capable d'amender ses valeurs, après que la jeune femme eut elle-même connu une révélation personnelle décisive. Rome, destination d'un voyage nuptial qui tourne au fiasco, provoque le dessillement, le renoncement à la résignation, la découverte que la foi et les jouissances de la vie ne s'empêchent pas.

1. George Eliot, *Middelmarch* précédé de *Le Moulin sur la Floss*, préface de Nancy Henry et George Levine, introduction et édition d'Alain Jumeau, avec deux essais de Mona Ozouf, Gallimard, Bibliothèque de « La Pléiade », 2020
2. Anatole Leroy-Beaulieu, « Les Réformateurs. Le comte Léon Tolstoï, ses précurseurs et ses émules », *Revue des Deux Mondes*, 15 septembre 1888.
3. On lira, dans l'édition Folio classique de *Middelmarch*, le bel essai que Woolf publie sur Eliot en 1919, où se dégagent les singularités de son aînée, absence de la mièvrerie inhérente à une part du roman victorien, goût de la vérité que rien ne saurait dompter, pas même le confort du lecteur, et surtout peinture inoubliable d'héroïnes sortant d'elles-mêmes, et ouvrant leur foi redéfinie à l'inconnu.
4. Mona Ozouf, *L'autre George. À la rencontre de George Eliot*, Gallimard, 2018 [Folio, 2020]. Une passion ancienne, née à l'école sur le conseil de l'épouse de Louis Guilloux, lie Mona Ozouf à Eliot. Elle le raconte ici avec une émotion intacte, de même qu'elle éclaire, de l'intérieur, les meilleurs livres de la romancière des « cas particuliers ». Malgré une certaine ferveur combative, en politique et ailleurs, le dogmatisme de la *tabula rasa* est complètement étranger à Eliot, qui se disait « conservatrice de progrès ». Dans la biographie bienveillante qu'elle lui consacre (*Une passion pour George Eliot*, Éditions de Fallois, 2020), Kathy O'Shaughnessy met en scène le regard d'aujourd'hui, celui de la narratrice et celui d'une universitaire assujettie à La Trinité de la nouvelle morale (« gender, race, class »). Eliot, fort heureusement, ne s'y est pas coulée par avance.
5. *Daniel Deronda* (1876), édition et traduction d'Alain Jumeau, disponible en Folio classique, apparaît comme une anticipation du projet que défendra Theodor Herzl, vingt ans plus tard, de fonder un État juif.
6. *Une vie cachée* (2019), le dernier et très beau film de Terrence Malick, se referme sur les ultimes lignes de *Middelmarch* : « [...] car la croissance du bien dans le monde dépend en partie d'actes qui n'ont rien d'historique ; et si les choses vont moins mal qu'elles ne pourraient pour vous et moi, on le doit un peu au nombre d'êtres qui mènent fidèlement une vie cachée avant de reposer en des tombes délaissées. »

LIVRES
Jacques Laurent, la destruction des illusions
› Frédéric Verger

Les éditions De Fallois rééditent un grand roman français du XXe siècle qui appartient à cette catégorie particulière d'œuvres maudites non parce que la critique les ignore, mais parce qu'elle ne sait pas quoi en faire. *Les Bêtises* rafla le Goncourt en 1971 et fit un certain bruit, mais pour les mauvaises raisons habituelles : Jacques Laurent était un personnage brillant du monde des lettres et du journalisme, que l'on respectait malgré sa réputation d'homme d'extrême droite. On lui pardonnait ses opinions parce qu'il les portait comme certains de vieilles flanelles anglaises ou des cravates orange, c'était un accessoire de dandy dont il convenait de ne pas trop se formaliser si l'on voulait échapper au ridicule. Son anti-gaullisme donnait même au moindre article qui vantait la qualité du livre un fumet léger et peu compromettant d'insolence. Le talent et l'intelligence reconnus par toute la presse, le livre se vendit bien car il existait encore cette catégorie de lecteurs composée de bourgeois de province qui, sachant reconnaître en feuilletant un livre qu'il « était bien écrit » et que son auteur « n'était pas un imbécile », s'imaginaient en l'achetant, quelles que soient leurs opinions politiques, s'inscrire, ou, plus modestement, apporter leur soutien, au parti du talent et de l'intelligence. Mais le monde a changé et il est à craindre pour un livre dont le succès tint à toute une petite comédie sociale qu'il tombe dans l'oubli quand la pièce et ses acteurs ont disparu. Il faut donc que *Les Bêtises* renaissent pour ce qu'il est, c'est-à-dire un roman important, profond.

Christophe Mercier, proche de Jacques Laurent et sans doute le meilleur connaisseur et commentateur de son œuvre, résume dans sa préface le contenu et les enjeux du roman. Divisé en quatre parties, il commence par « Les Bêtises de Cambrai », récit amusant, coloré et plein de verve des mésaventures d'un jeune personnage pendant la drôle de guerre. Dans la deuxième partie, « Examen du texte », le narrateur, voulant étoffer ce récit, réfléchit à ses sources et se laisse prendre au jeu de l'autobiographie, à la mélancolie et à l'ironie que ce genre d'écriture favorise. Conscient de ce qu'il y a de mise en scène et de mensonge dans ce type de récit, il entreprend dans la troisième partie, « Le Vin quotidien », un journal où les notes prises au jour le jour lui semblent devoir s'approcher davantage de la vérité et éviter toutes les complaisances du récit, qui ne lui paraît jamais mieux en valeur que lorsqu'il essaie de raconter ses aventures amoureuses et érotiques. Mais il découvre qu'un journal est également une espèce de récit et, en tant que tel, construit une autre forme de style et de théâtre où la vérité reste tout aussi insaisissable. Alors dans la dernière partie, « Fin fond », il se lance dans une méditation philosophique sur les expériences de sa vie et ses diverses tentatives pour la raconter. Mais ce projet ne le satisfait pas plus : ce qu'il gagne en lucidité frappe d'une sorte de froid mortel les expériences de la vie. Seule la mort du narrateur vient mettre un terme à cette quête qui, on le sent bien, ne saurait avoir de fin.

François Esperet, dans sa postface, propose une lecture théologique du roman apparemment paradoxale pour commenter l'œuvre d'un auteur qui semble avoir été doté d'une imperméabilité idéale à toute forme de sentiment religieux. Elle offre pourtant une interprétation possible et convaincante car la destruction des illusions de l'identité est si totale dans *Les Bêtises*, si vertigineuse qu'elle prend effectivement des allures de théologie négative.

La critique est gênée par les romans de Jacques Laurent parce qu'elle aimerait y retrouver l'élégance et le brillant du journaliste et du polémiste (*Paul et Jean-Paul* et *Mauriac sous De Gaulle* sont des chefs-d'œuvre du genre), elle attendait du style hussard, du néo-Radiguet, c'est ainsi qu'elle aime les écrivains « de droite », l'éternel remake du *Diable au corps*, voilà la pâture qui leur est réservée. Mais ses romans déçoivent cette attente, ils sont plus originaux, plus complexes, plus expérimentaux que ceux que sa personnalité faisait attendre. C'est la cause sans doute du relatif oubli où il est tombé.

Les personnages de ses romans n'ont pas d'éclat particulier. Dans un caractère, c'est la part ordinaire ou médiocre qui intéresse Laurent, celle qui, déterminée par l'environnement social où il a appris la vie, prend conscience de ce dressage et du caractère opaque, fluctuant de ce qu'on appelle l'identité. Même dans *Les Bêtises,* qui met en scène le plus intelligent, le plus libre de ses personnages, c'est l'incompréhensible ou le vide qu'il sent en lui-même qui le fascine plus que ses talents ou ses charmes. Impitoyable avec les autres et la comédie sociale, le narrateur l'est encore davantage avec lui-même, non d'une façon masochiste, mais légère, innocente, comme un homme qui découvre sans cesse qu'il ne sait rien de flatteur ni de solide sur lui-même. Le vide et l'insaisissable derrière les illusions, les masques, les pièges ironiques du langage qui en cherchant la vérité échafaude des illusions et en voulant échapper à la comédie bâtit un nouveau théâtre, voilà les thèmes de ses romans, et dans *Les Bêtises* ils fournissent même la structure apparente de l'œuvre.

Cécil Saint Laurent jouait avec la forme romanesque populaire, intrigues, rebondissements, caractères nettement dessinés avec une alacrité plus ou moins ironique, Jacques Laurent écrit des récits dont la matière romanesque est une Odyssée interminable (*Les Bêtises* comme *Les Corps tranquilles*, son premier roman, sont d'énormes récits dont les dimensions veulent donner la sensation d'une histoire en réalité sans fin) où Ulysse n'est plus prisonnier de la mer mais des multiples récits de sa propre vie.

Son agacement vis-à-vis de Sartre avait un peu les mêmes ressorts que sa haine envers de Gaulle : deux escrocs qui avaient raflé la mise avec de la fausse monnaie. De même que, dans ses rêveries politiques, c'était la jeunesse pétainiste des chantiers de jeunesse qui aurait dû sauver l'honneur de la France, le véritable romancier existentialiste c'était lui. Dans *Les Bêtises*, la dernière partie, « Fin fond », est une variation sur des thèmes présents dans la philosophie de Sartre, envers lequel il éprouvait le même type d'exaspération condescendante qu'éprouvait Gombrowicz : tous les grands thèmes que l'autre gâche avec ses romans à thèse, croit-on les entendre dire, c'est nous qui leur donnons une vraie substance romanesque.

1. Jacques Laurent, *Les Bêtises*, préface de Christophe Mercier, postface de François Esperet, Éditions de Fallois, 2019.

FILMS
Filmer la guerre
› Richard Millet

De plus en plus occultée par les milices, les sociétés militaires privées, le secret-défense, la guerre semble changer de nature, quand elle ne devient pas une vaste opération de police ou ne disparaît pas de la réalité au profit de sa version édulcorée par CNN et ses clones occidentaux. Les films s'attachant à la représenter sont devenus assez rares pour qu'on ne s'attarde pas à quelques œuvres récentes qui appartiennent à autre chose qu'à la sous-catégorie des films d'action.

1917, en premier lieu. On a admiré, dans ce film inspiré à Sam Mendes par les carnets de son grand-père, l'impression qu'il donne de n'être constitué que de deux plans-séquences, censés nous faire partager le temps réel de la mission attribuée à deux soldats anglais : les caporaux William Schofield (George MacKay) et Tom Blake (Dean-Charles Chapman), chargés de porter au commandant du 2e bataillon du Devonshire, par-delà la ligne de front, un message annulant l'ordre d'attaquer, afin d'éviter le piège tendu par les Allemands qui ont fait mine d'abandonner leurs lignes. Le film fait d'abord alterner les focalisations, selon que tel soldat marche en tête ou en arrière de son compagnon, jusqu'à ce qu'un aviateur allemand qui vient d'être abattu et secouru par Blake poignarde celui-ci qui fait promettre à Schofield de remplir la mission et d'annoncer sa mort à son frère, officier au 2e Devon. C'est dans son rapport au temps que le film est le plus remarquable, tantôt initiatique, tantôt descente aux Enfers, notamment à sa césure nocturne, dans les ruines d'Ecoust-Saint-Mein, où Schofield dialogue avec une jeune femme qui a recueilli un nouveau-né. Aucun combat héroïque : l'ordinaire de la guerre de tranchées, de l'action individuelle, de la débrouillardise, de la chance, même si la descente d'une rivière furieuse et de sa cascade, qui n'existent pas dans le plat pays du Nord, relève du songe ou du symbolique. Ce sont les plus belles scènes de ce film. Extraordinairement émouvant, aussi, le moment où Schofield rejoint le 2e Devon, dans une clairière où des soldats écoutent l'un des leurs chanter un air populaire évoquant le retour au pays natal. On est loin du spectaculaire – celui-ci n'étant donné que de surcroît : l'élément maternel l'emporte sur le patriotisme, le film réussissant cependant l'étrange tour de force de ne montrer aucun soldat français.

L'armée française est un peu plus présente dans *Dunkerque*, de Christopher Nolan, mais de façon presque caricaturale (même en tenant compte du grotesque de cette défaite, que Julien Gracq évoque très bien dans ses *Manuscrits de guerre*), le film jouant habilement sur le spectaculaire avant de tomber dans un patriotisme de propagande qui en gâte la fin. Son ambition était pourtant élevée. Nolan évoque un des épisodes les plus douloureux et les moins glorieux de la Seconde Guerre mondiale, dont Henri Verneuil avait donné dans *Week-end à Zuydcoote*, en 1964, la version grinçante : l'encerclement par les Allemands, autour de Dunkerque, en mai 1940, de 400 000 soldats anglais, français, canadiens et belges. Londres entend rapatrier les Britanniques, au moins 35 000 hommes, malgré les attaques aériennes et sous-marines. Ce sera l'opération Dynamo. Nolan montre, lui aussi, des hommes ordinaires : le film s'ouvre sur les difficultés pour le soldat Tommy à trouver un endroit où se soulager. La guerre ayant aussi lieu dans les airs et sur mer, on suit le destin d'un petit navire de plaisance réquisitionné, avec des dizaines d'autres, pour traverser la Manche et embarquer quelques soldats ; et aussi les aventures de Collins, pilote de Spitfire. Le film est réussi dans sa volonté de mettre en scène l'ordinaire de l'héroïsme, si on me passe cet oxymore, et de l'inscrire dans cela même qui dépasse l'homme pour mieux le révéler à lui-même, dans le meilleur comme dans le pire. On a reproché à Nolan de ne pas montrer les troupes belges et canadiennes, ni les troupes coloniales. C'est étrange, en effet, alors qu'on aperçoit un ou deux soldats noirs dans l'armée française.

Avec *The Outpost*, de Rod Lurie, la guerre nous semble plus familière. Nous sommes en Afghanistan, en 2006. L'armée américaine a établi plusieurs avant-postes dans le nord du pays, afin d'empêcher les incursions des talibans et de s'attirer, le plus souvent contre de l'argent, les bonnes grâces de la population locale, nul n'ignorant que ceux qui touchent de l'argent tirent, le lendemain, sur les soldats américains. C'est la dimension absurde et politique d'une guerre en quelque sorte déjà perdue par les Anglais puis par les Soviétiques. L'un de ces avant-postes se trouve à Kamdesh, au flanc particulièrement exposé d'une vallée. L'absurdité de la situation n'échappe à personne, et entraînera l'attaque du camp par une centaine de talibans : sept soldats seront tués, une vingtaine d'autres blessés, le poste sera définitivement abandonné. Le film, inspiré de faits réels, rejoint les remarquables documentaires *Armadillo* du Danois Janus Metz Petersen ou *Restrepo* des Américains Sebastian Junger et Tim Hetherington, bien moins un film russe comme *Le 9e Escadron*, de Fiodor Bondartchouk qui, dans une situation militaire semblable, vise le spectaculaire de l'*epos*. L'épique n'est plus de mise dans un monde horizontal, où les soldats ne sont plus des héros mais des hommes qu'accueilleront les centres de traitement du stress post-traumatique. La reconstitution du combat, dans la deuxième partie du film, est si saisissante que, malgré la présence d'acteurs professionnels, elle donne, par moments, la même impression de confusion et d'horreur que *1917* et *Dunkerque* : le « réalisme » se veut celui du documentaire, de la même façon que les documentaires évoqués plus haut flirtaient avec la fiction, tant le quotidien, dans la routine que la guerre finit par susciter, semble parfois fictionnel, un peu comme *La Section Anderson* et *La 317ᵉ Section* font parts égales dans l'œuvre de Pierre Schoendoerffer.

MUSIQUE
Deux enfants d'Henri Dutilleux
› Olivier Bellamy

Quand une star de la musique de film rencontre une étoile solitaire de la musique de concert.

Gabriel Yared – J'ai reçu comme un cadeau la découverte de votre pièce *Affettuoso*, en mémoire à Henri Dutilleux. J'ai donc acheté plusieurs partitions de vous : *Incanto* qui m'a tellement séduit, *Mélancolie* qui m'a tant ému, *Passacaille*, *Salve Regina*… Je ne le fais presque jamais. La dernière fois, c'était pour des œuvres de Dutilleux et Ligeti.

Éric Tanguy – Merci ! Vous avez travaillé avec Dutilleux ?

Gabriel Yared – J'avais 19 ans. Il m'a demandé de l'appeler Henri. Vous vous imaginez ? En lisant mon travail, il m'a dit : « L'harmonie, ça va, mais vous devez prendre des cours de contrepoint. » Et vous ? Avec qui avez-vous travaillé ?

Éric Tanguy – Horațiu Rădulescu en cours particulier. Il ne me faisait pas payer. Henri Dutilleux m'a appelé quand j'étais à la Villa Médicis à Rome. J'ai d'abord cru à une blague. Il venait d'entendre

Abonnez-vous
à la Revue des Deux Mondes
et économisez 73 €

   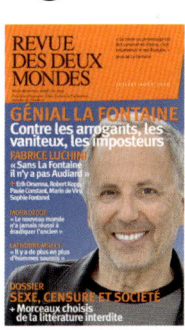

BULLETIN D'ABONNEMENT
À compléter et à retourner accompagné de votre règlement.
Revue des Deux Mondes - Service abonnements - 56, rue du Rocher, 75008 Paris.

OUI, JE SOUHAITE PROFITER DE CETTE OFFRE (PAPIER + NUMÉRIQUE)
○ Je m'abonne   ○ J'abonne un proche

1 AN (9 numéros)
○ En France : 89 € au lieu de 162 €**   ○ A l'étranger : 129 € au lieu de 162 €**   ○ Numérique : 75 € au lieu de 89,90 €**
○ Étudiant : 65 € au lieu de 162 € (Joindre un justificatif)

2 ANS (18 numéros)
○ En France : 165 € au lieu de 324 €**   ○ A l'étranger : 255 € au lieu de 324 €**   ○ Numérique : 145 € au lieu de 179,80 €**

MES COORDONNÉES
○ Mme   ○ Mlle   ○ M.
NOM .... Prénom ....
Adresse ....
Code postal └─┴─┴─┴─┴─┘ Ville .... Pays ....
Tél. .... E-mail .... @ ....

LES COORDONNÉES D'UN PROCHE
○ Mme   ○ Mlle   ○ M.
NOM .... Prénom ....
Adresse ....
Code postal └─┴─┴─┴─┴─┘ Ville .... Pays ....

MODE DE RÈGLEMENT
○ Chèque à l'ordre de la Revue des Deux Mondes
○ Carte bleue, Visa, MasterCard***   N° └─┴─┴─┴─┘ └─┴─┴─┴─┘ └─┴─┴─┴─┘ └─┴─┴─┴─┘
Expire à fin └─┴─┘ └─┴─┘
Notez les 3 derniers chiffres du n° inscrit au dos de votre carte bancaire à droite de la signature └─┴─┴─┘

Signature obligatoire :

** Prix de vente au numéro
*** Rayer la mention inutile
Conformément à la loi « Informatique et Libertés » du 6 janvier 1978, vous disposez d'un droit d'accès et de rectification aux données vous concernant. Par notre intermédiaire, ces données pourraient être communiquées à des tiers, sauf si vous cochez la case ci-contre ○

une de mes pièces à la radio et m'a invité à Tanglewood *[résidence d'été de l'Orchestre de Boston, NDR]*.

Gabriel Yared – Quelle générosité! Moi, j'ai d'abord souffert de « ravelite » aiguë. Je connaissais tout par cœur, je suis allé à Montfort-l'Amaury comme on va à Lourdes. Puis j'ai découvert que Ravel ne m'emmenait nulle part. Je me suis alors rapproché de Bartók et Stravinsky. En même temps, je jouais du piano dans une boîte de la rue Sainte-Anne sans me rendre compte qu'il n'y avait que des garçons. Je remplaçais un pianiste qui s'appelait Raymond Fol. Ça ne s'invente pas!

Éric Tanguy – On apprend beaucoup en faisant. Quand j'ai écrit mon concerto pour Rostropovitch, il m'a demandé de resserrer et de ne pas trop charger l'orchestre.

Gabriel Yared – Oui, dans *Tout un monde lointain* de Dutilleux l'orchestre est comme de la dentelle.

Éric Tanguy – Rostropovitch était l'élève en composition de Chostakovitch qui lui a transmis des secrets sur « les situations dangereuses ». Par exemple, un motif de hautbois dans l'aigu peut « manger » un motif de violoncelle dans le grave.

Gabriel Yared – J'adore cet artisanat. Finalement, on ne *s'exprime* pas, on dit les choses au mieux qu'on peut. Au cinéma, on appelle le compositeur quand le film est monté avec de la « musique temporaire », trois mois avant mixage. Avec Anthony Minghella, j'ai pris l'habitude de composer avant le tournage. La rencontre avec un réalisateur m'inspire plus que des images. De qui vous sentez-vous proche parmi vos confrères?

Éric Tanguy – Pascal Dusapin, Kaija Saariaho et Régis Campo.

Gabriel Yared – Des électrons libres comme vous.

Éric Tanguy – Cette liberté se paie cher. En vingt-cinq ans, je n'ai pas eu une note de jouée au Festival Musica alors que Salonen ou Järvi jouent ma musique. Et *Le Monde* n'a pas écrit une ligne sur moi depuis quinze ans. Vous aimez Ennio Morricone?

Gabriel Yared – Beaucoup. Je l'ai rencontré quand il voulait promouvoir sa musique « sérieuse ». Il m'a dit: « Ce qu'on connaît de ma musique n'est pas ma musique. Ce soir, tu vas entendre ma musique. » C'était terrible! Le génie était remplacé par l'effort.

Éric Tanguy – Qui n'aimez-vous pas ?

Gabriel Yared – Je déteste Philip Glass. Xavier Dolan m'a demandé une musique répétitive « à la Glass ». Je lui ai conseillé d'écouter le *Prélude en do mineur* de Bach qui est répétitif sans se répéter. Et j'ai écrit un morceau que j'ai intitulé « Bach à Glass ». Vous l'aimez, vous ?

Éric Tanguy – J'aime sa *Symphonie n° 3*. Et puis on le reconnaît immédiatement. Messiaen, vous aimez ?

Gabriel Yared – La *Turangalîla* oui… Je suis un fou de la musique de Liszt. Et de Puccini ! beaucoup plus que de Verdi.

Éric Tanguy – Moi aussi, j'adore Puccini. Mais chez les Italiens, j'ai une grande passion pour Vivaldi.

Gabriel Yared – Je suis très complexé. En tant qu'autodidacte, la grande forme me fait peur.

Éric Tanguy – La grande forme, c'est une succession de petites formes.

Gabriel Yared – Je me sens limité. Vous enseignez ?

Éric Tanguy – Oui, à l'École normale. J'ai six élèves. Deux Iraniennes, un Colombien, un Japonais…

Gabriel Yared – Je devais prendre des cours avec Ohana à l'École normale, mais il est tombé malade. Heureusement, j'ai rencontré Dutilleux, un ange tombé du ciel. Que pensez-vous de la musique contemporaine ?

Éric Tanguy – Il y a beaucoup d'amateurisme et de la musique faite pour être subventionnée. Qui aimez-vous dans la musique de film ?

Gabriel Yared – Bernard Herrmann, Ennio Morricone, Charlie Chaplin. J'ai beaucoup d'estime pour Alberto Iglesias. Mais quand on écrit plus de six films par an, on devient un fabricant. Tout le monde n'est pas Mozart ! L'important, c'est d'aller au bout de soi à chaque fois.

Éric Tanguy – Vous avez commencé avec qui ?

Gabriel Yared – Godard. C'est Jacques Dutronc qui m'avait recommandé à lui. Il m'a demandé : « Vous connaissez *La Gioconda*, l'opéra de Ponchielli ? » J'ai répondu : « Oui. » Il m'a dit : « C'est ce que je voudrais. » J'ai dit : « Prenez-le », et je suis sorti. Marin Karmitz m'a rattrapé : « Tu es fou ? » Finalement, on a pu parler. J'ai écrit quelque chose qui tournait autour du thème qu'il voulait sans jamais le citer.

ÉRIC TANGUY – Un compositeur d'aujourd'hui appartient aussi au monde d'avant. Il y a eu tant de chefs-d'œuvre avant soi, ça rend humble devant la musique.

Noté à la diable lors d'un dîner au restaurant Al Ajami à Paris, le 31 août 2020.

Choix de Gabriel Yared : *La Mer* de Debussy par Pierre Monteux (RCA), *Quatuor n° 6* de Bela Bartók par le Quatuor Vegh (Naïve), *Suite lyrique* de Berg par le Quatuor Alban-Berg (Warner).
Choix d'Éric Tanguy : *Années de pèlerinage* de Liszt par Suzana Bartal (Naïve), *Kullervo* de Sibelius par Paavo Järvi (Erato), *L'Estro armonico* de Vivaldi par Neville Marriner (Decca).
Sans oublier : *Henri Dutilleux. Centenary Édition* (7 CD Erato).

EXPOSITIONS
Le travail est-il représentable ?
› Bertrand Raison

Dans le cadre du festival « Normandie impressionniste, 2020 » regroupant les principales villes de la région tous les trois ou quatre ans, l'exposition du musée des Beaux-Arts de Caen (1) cultive, depuis la première édition en 2010, le pas de côté. Ne possédant en effet dans ses collections aucune œuvre impressionniste, l'institution avait choisi en 2016 de présenter la première rétrospective française de Frits Thaulow (1847-1906), impressionniste norvégien, amoureux du Pas-de-Calais et grand ami de Rodin. Cette année encore, démarche inédite, s'il en est, et pour le moins ambitieuse. Un programme particulièrement riche regroupe cent cinquante œuvres réalisées entre 1870 et 1914 (peintures, cartes postales, affiches, tracts, illustrations) autour de la thématique du travail abordée sous plusieurs angles. Nécessaire diversité, car le sujet se révèle assez volatil. Si la IIIe République, monuments à l'appui, n'a pas cessé d'en magnifier les vertus, la réalité du travail lui-même – les gestes, la fatigue, les cadences – reste plus difficile à cerner. Une difficulté reflétée par les tableaux de la période qui, sans manquer la métamorphose des paysages urbains en zones industrielles, pénètrent plus difficilement à l'intérieur des mines et des usines. Certes, on distingue sur les toiles l'activité des gares, les hauts-fourneaux ont beau brûler, mais l'ouvrier reste comme absent de l'image, condamné à l'anonymat, dissimulé dans le collectif qui l'englobe. Cette remarque ne vaut que pour pointer l'ambiguïté dans laquelle se débattent les artistes de la Belle Époque pris dans les bouleversements d'une société qui avance à marche forcée sur la route de l'industrialisation. Et c'est peu de le dire, l'époque, belle sans aucun doute des progrès socio-économiques accomplis, fut violente. On compte jusqu'à la veille de la Grande Guerre quelque mille à mille cinq cents grèves par an parfois impitoyablement réprimées par l'armée. La scène picturale enregistre toutes les facettes de ces changements et les nuances propres à la sensibilité de chacun. Et il ne s'agit pas seulement d'une question de style mais davantage d'un intérêt, d'une inclination personnelle. Ainsi les rives urbaines peintes par Camille Pissarro ou Armand Guillaumin, tous les deux étiquetés sous le label impressionniste, ne montrent pas les mêmes choses. Le premier préfère un point de vue général, où l'on distingue, vu de loin, le pont de Rouen encombré par les silhouettes minuscules des piétons et des fiacres, alors qu'à l'arrière-plan bateaux et cheminées crachent leur fumée. Guillaumin, lui, opte pour la vision rapprochée des quais parisiens. Au plus près des instruments de levage, il expose les travaux des hommes et des chevaux. Une attirance que l'on retrouve dans le portrait précis de ces cribleurs de sable saisis dans le gros plan de leur gestuelle. Toutefois, parmi les impressionnistes, disons la génération des années 1840, Armand Guillaumin reste une exception, car ses confrères ont du mal à prendre frontalement en compte la représentation du labeur. Il faut attendre leurs successeurs, ceux de 1860, qui emprunteront plus volontiers cette voie. Signalons, mais est-ce une coïncidence, que ce sont surtout les peintres affiliés à la mouvance anarchiste, collaborant à la revue des *Temps Nouveaux*, porte-étendard de ce courant, qui s'engageront sur ce chemin. Maximilien Luce (1858-1941) et Théophile Alexandre Steinlen (1859-1923) arpentent les lieux de construction, reproduisant les échafaudages qui parsèment les rues de Paris, tout en dressant quasiment l'inventaire des métiers qui s'y rassemblent. Mais là encore, que de variantes. Car le même Maximilien Luce, qui célèbre les flammes des aciéries, peut tout autant donner la priorité au spectacle du feu et reléguer les travailleurs au rôle de simples spectateurs. Pourtant, on est bien loin de l'héroïsation du travail proposée en 1882 par Henri Gervex (1852-1929) avec son *Coltineur de charbon*, qui, le torse nu, porte bravement son fardeau, telle une figure « immunisée contre la souffrance » (2) comme le note Emmanuelle Delapierre, co-commissaire de la manifestation, dans le catalogue. Or, la peinture n'est pas la seule à transmettre ces représentations du travail, la carte-vue, bien avant l'existence du photojournalisme, diffuse, par centaines de millions chaque année, à la charnière du XIXe et du XXe siècle, le reportage encyclopédique imagé presque instantané de tous les événements. Extraordinaire vivier dans lequel les artistes viennent puiser leurs références. Notamment le cadrage des grèves qui, d'un support à l'autre, se ressemblent étrangement. Cet effet de va-et-vient, déjà saisissant, est accentué par la coloration quasi religieuse des défilés. Curieusement et parallèlement à la séparation de l'Église et de l'État, adoptée en 1905, le drapeau rouge des luttes reprend le vocabulaire du culte. C'est ainsi que *La Grève à Saint-Ouen* de Paul-Louis Delance (1848-1924) fait se rejoindre le cortège religieux et celui des manifestants, comme si un nouvel âge allait remplacer l'ancien, comme si la foi devait changer de camp.

1. « Les Villes ardentes, 1870-1914. Art, travail, révolte », Musée des Beaux-Arts de Caen, jusqu'au 22 novembre 2020.
2. Emmanuelle Delapierre, « Une rive en ville : peindre les quais », in Emmanuelle Delapierre et Bertrand Tillier (dir.) *Les Villes ardentes, 1870-1914, art, travail, révolte*, Snoeck, 2020, p. 85.

LES REVUES EN REVUE

France Forum
› Charles Ficat

Revue générale
› Sébastien Lapaque

Apaches
› Robert Kopp

Livr'Arbitres
› Robert Kopp

LES REVUES EN REVUE
Chaque mois les coups de cœur de la rédaction

France Forum
« Le monde d'après »
N° 77, juillet 2020, 120 p., 10 €

Publiée sous l'égide de la Fondation Jean Lecanuet, la revue *France Forum* a été fondée en 1957. Elle s'inscrit naturellement dans le courant de la démocratie chrétienne héritée d'Emmanuel Mounier, d'Étienne Borne ou de Robert Schuman. Dans le tourbillon médiatique, cette sensibilité intellectuelle ne trouve pas nécessairement tout l'écho qu'elle mérite. D'où l'intérêt d'y aller voir de plus près.
Le présent numéro consacré au « monde d'après » offre un vaste panorama de la situation du monde à partir d'une trentaine de contributions d'éminentes autorités universitaires et institutionnelles. On retiendra, entre autres, les interventions consacrées à la tentative de réindustrialisation française et aux conséquences de la pandémie en Chine et en Inde, ainsi qu'un entretien avec Philippe Douste-Blazy sur le système de gouvernance au sein de l'OMS. Ce copieux numéro, qui insiste sur les chantiers à mener pour une meilleure régulation du monde, mais qui comporte aussi à la fin quelques pages de chroniques littéraires, rappelle la présence du courant personnaliste dans la vie intellectuelle française. › Charles Ficat

Revue générale
« De Gaulle en héritage »
N° 4, été 2020, Presses universitaires de Louvain, 246 p., 22 €

Dirigée par le romancier et critique littéraire Frédéric Saenen, la *Revue générale* est une publication belge de sciences humaines fondée à Bruxelles en 1865. Désormais publiée à Liège sous l'impulsion des Presses universitaires de Louvain, c'est la plus ancienne revue de réflexion et de culture du pays du roi Philippe. Autant dire une cousine de la *Revue des Deux Mondes,* qui s'est beaucoup intéressée à la « question belge » au XIXe siècle. Le numéro 4 de la nouvelle série est consacré au général du Gaulle, un homme du Nord qui tenait à la Belgique par des liens étroits. Spécialiste de l'histoire contemporaine de la France et ses liens avec la Belgique, Catherine Lanneau évoque « La mémoire du général de Gaulle en Belgique ». Le plat pays est en effet parsemé de « lieux de mémoire » gaulliens. Ainsi le château d'Antoing, au sud de Tournai, où le jeune Charles de Gaulle a été scolarisé dans un collège jésuite suite à l'expulsion des congrégations ; ou encore le pont de Dinant où un lieutenant d'infanterie promis à un grand avenir a été blessé sous le feu de l'ennemi le 15 août 1914. › Sébastien Lapaque

Apaches
« Les mac-mahoniens, Fritz Lang »
N° 1, juin 2020, 56 p., 9 €

Dans le temps, il existait trois revues de cinéma et non pas deux, comme aujourd'hui. À côté des *Cahiers du cinéma* et de *Positif*, il y avait, entre 1959 et 1967, *Présence du cinéma*, dont Michel Mourlet, avec l'aide de Jacques Lourcelles, avait fait la revue des mac-mahoniens, qui ne juraient que par Fritz Lang, Joseph Losey, Otto Preminger et Raoul Walsh. Ce sont aujourd'hui de jeunes Rennais, autour de Mahaut Thébault, Simon Pageau, Agathe Presselin et quelques autres, qui reprennent le flambeau en lançant un quadrimestriel, très élégamment présenté. Le cahier central contient un grand entretien avec Michel Mourlet, dans lequel l'auteur de *Sur un art ignoré*, considéré comme le manifeste des mac-mahoniens, précise son passage des *Cahiers* à *Présence*, et apporte des détails qu'il n'avait pas donnés dans ses mémoires (*Une vie en liberté*, Séguier, 2016). Ce qui n'empêche pas Pierre Gacel de prendre quelque distance avec le père, en soulignant les limites des mac-mahoniens. Mahaut Thébault rend hommage à Lourcelles et à son monumental *Dictionnaire du cinéma*, publié dans la collection « Bouquins » en 1992 et constamment réédité. Guide mac-mahonien plutôt que dictionnaire, d'ailleurs. Quant à l'excellent dossier Fritz Lang, il est axé sur les problèmes de style, c'est-à-dire sur ce qui fait du cinéma un art. › Robert Kopp

Livr'Arbitres, littérature, histoire des idées, entretiens, portraits
N° 30, juin 2020, 168 p., 12 €

Fondée par quelques étudiants de l'université de Metz il y a une dizaine d'années, la revue *Livr'Arbitres* paraît quatre fois par an et a publié de remarquables dossiers consacrés à Léon Bloy, Alexandre Vialatte, Pierre Mac Orlan, Antoine Blondin, Michel Déon, Michel Mohrt, Dominique de Roux. Le choix de ces auteurs laisse penser que les rédacteurs se sentent plus proches des « hussards » que du gauchisme culturel des bobos. Comme leur publication a eu un succès inespéré – presque tous les numéros anciens sont épuisés – ils sont montés à Paris et poursuivent l'aventure sous la houlette de Patrick Wagner. Le dernier numéro paru s'ouvre sur un portrait de Jacques Benoist-Méchin par Christian Brosio, qui nous rappelle que nous avons tort de ne nous souvenir que de l'*Histoire de l'armée allemande* et de *Soixante jours qui ébranlèrent l'Occident*, au détriment des livres prémonitoires sur les conflits au Proche-Orient et de ses souvenirs, *À l'épreuve du temps*, publiés par Éric Roussel. Un dossier très varié présente quelques enfants terribles de la littérature russe – Pouchkine, Lermontov, Dostoïevski, Berdiaev, Volkoff, Limonov –, auquel ont contribué Catherine Distinguin, Jean-Baptiste Baronian, Charles Ficat. La dernière section propose un « voyage au pays de poésie », de Boileau à Victor Hugo et d'Aragon à Octavio Paz, et analyse l'importance du langage poétique aujourd'hui.
› Robert Kopp

NOTES DE LECTURE

Saturne
Sarah Chiche
› Alexandre Folman

La Cuisine du 6ᵉ étage. Du piano au réchaud!
Nathalie George
› Olivier Cariguel

La Femme-écrevisse
Oriane Jeancourt Galignani
› Lucien d'Azay

Suivant l'azur
Nathalie Léger
› Lucien d'Azay

Retour à Martha's Vineyard
Richard Russo
› Marie-Laure Delorme

Une bête aux aguets
Florence Seyvos
› Marie-Laure Delorme

Histoire de la fatigue. Du Moyen Âge à nos jours
Georges Vigarello
› Charles Ficat

Un jour ce sera vide
Hugo Lindenberg
› Charles Ficat

Le Testament du banquier anarchiste, suivi de **Le Banquier anarchiste, par Fernando Pessoa**
Adeline Baldacchino et Édouard Jourdain
› Laurent Gayard

L'Esprit impérial. Passé colonial et politiques du présent
Robert Gildea
› Jean-Pierre Listre

Les Lettres d'Esther
Cécile Pivot
› Isabelle Lortholary

La Jeune Fille au chevreau
Jean-François Roseau
› Isabelle Lortholary

L'Égalité, un fantasme français
Michel de Rosen
› Thierry Moulonguet

Dernière cartouche
Caroline de Bodinat
› Bertrand Raison

Éloge du magasin, contre l'amazonisation
Vincent Chabault
› Sébastien Lapaque

Saturne, de Sarah Chiche, Seuil, 208 p., 18 €

« Les non-dupes errent ». La formule, ésotérique pour le profane, est de Lacan. Comprendre : « Les Noms du Père ». Un jeu de mots devenu un concept central dans la théorie psychanalytique, en reliant l'errance de la maladie mentale au dysfonctionnement de la métaphore paternelle au sein du dispositif œdipien. La figure de l'autorité y étant inopérante symboliquement pour qu'advienne dans de bonnes conditions, à travers la fonction du langage, la médiation du désir chez le sujet. Une carence originelle qui est finalement le fil d'Ariane du nouveau roman de la psychanalyste Sarah Chiche, *Saturne,* nous guidant dans un style introspectif mais dépourvu de références freudiennes, vers un lieu qui est « peut-être aussi l'autre nom de l'écriture, astre immobile, froid, très éloigné du soleil, dont on dit que c'est la planète de l'automne et de la mélancolie ».

Au hasard d'une rencontre lors d'une séance de dédicaces à Genève, le vent glacial du passé de l'auteure ressurgit sans crier gare, prétexte à une archéologie intime et vibrante de l'histoire de son père disparu à 34 ans d'une leucémie. Elle avait 15 mois. Un puzzle reconstitué en une quarantaine de chapitres, pour certains évanescents, fragments d'une mémoire effritée par le temps qui passe. Le roman familial commence dans l'Algérie encore française des grands-parents, à la tête d'un groupe florissant de cliniques qu'ils rebâtiront avec succès en France après l'Indépendance. Des deux fils, l'aîné est le plus féroce. Le cadet, « amoureux des étoiles et des femmes », rêve d'ailleurs. Quand il rencontre Ève, c'est le coup de foudre immédiat. Elle est magnifique et fragile, nimbée de mystère, pas du goût de sa belle-famille, soupçonneuse. La mort prématurée de leur fils creuse le fossé. La romancière y sera happée psychiquement. Se confronter aux racines du mal lui permettra petit à petit de renaître. D'écrire. D'éclore. De mettre des mots sur ses maux. Pour parvenir à rencontrer sa propre vérité, dans un obscur éclat.
› Alexandre Folman

La Cuisine du 6ᵉ étage. Du piano au réchaud !, de Nathalie George, Éditions Herodios, 216 p., 20 €

« La cuisine, c'est vital, ça crée le lien social. » Pour réunir des personnes autour de plats simples, goûteux et préparés dans l'espace le plus exigu et improbable qui soit, lisez Nathalie George. La jeune maison d'édition Herodios fondée par Philippine Cruse publie son livre de recettes, préfacé par le chef Yannick Alléno. Différents témoignages de voisins, d'un poissonnier et d'un membre du très fermé « comité Cassoulet » célèbrent cette gardienne d'un trésor caché. Écrit en hommage à sa grand-mère qui lui a transmis le goût du « savoir manger » et les secrets atemporels du fin fond des casseroles, *La Cuisine du 6ᵉ étage* est aussi un art de vivre, voire une philosophie de la simplicité.

Ancienne directrice de collection et directrice artistique chez Christofle, Nathalie George démontre qu'une autre façon de cuisiner est possible. Elle est passée par les meilleures maisons : Air France, Christian Dior, le chocolatier Jean-Paul Hévin. Il y a quinze ans, le tourbillon de la vie l'a menée à un drôle de logement. Elle habite deux pièces de 7 m² dans un immeuble du quartier de l'Alma à l'étage des employés de maison. Elle a donné une grâce inattendue à cet espace « sous les toits, là où le ciel est toujours visible, comme échappatoire aux tourments de l'existence ». Une chambre, un bureau et une chatte, Santa. En deux temps trois mouvements, sa « chambre de bonne » version bureau se métamorphose en salle à manger où elle convie les habitants du 6ᵉ étage. Parmi les heureux convives, ses voisins, un ébéniste, des étudiants du programme Erasmus qui découvrent la cuisine française réalisée dans le couloir étroit du dernier étage.

Comment passe-t-on des arts de la table aux feux de cuisine ? Nathalie George a toujours vécu dans les couloirs. Dix années d'internat à l'Institut Saint-Dominique de Mortefontaine, dans l'Oise, l'ont endurcie. Le couloir de l'étage lui sert de fourneaux. Dans un recoin un petit meuble en aluminium sur roulettes (acheté chez Muji) abrite son équipement : trois casseroles, une plaque électrique, un four pour réchauffer et non cuire, et les ustensiles de base. Chez Nathalie, on mange chaud, c'est important. On s'attable devant une assiette en carton posée sur une belle assiette de présentation. Tirée à quatre épingles, portant des lunettes noires Yves Saint Laurent, Nathalie George, qui préfère la robe au pantalon, a mis au point une cuisine pour tous et pleine de style. › Olivier Cariguel

La Femme-écrevisse,
d'Oriane Jeancourt Galignani,
Grasset, 400 p., 22 €

Métaphore, symbole ou mythologie, la « femme-écrevisse » qui fait l'objet de l'étrange roman d'Oriane Jeancourt Galignani est une gravure de 1655, attribuée à Rembrandt, mais en réalité l'œuvre de sa gouvernante et maîtresse, Margot, à qui il enseigna la « manière noire ». Cette figure hybride, chimérique (« Est-ce une écrevisse qui se transforme en femme, ou une femme qui se métamorphose en écrevisse ? »), dont le pouvoir de fascination s'apparente à la persistance rétinienne, Aby Warburg l'aurait qualifiée d'« image survivante ». Enkystée dans la famille depuis trois siècles, elle s'est transmise de génération en génération, à travers les descendants de la « gouvernante » : « *[Elle]* devrait être une source de malaise pour quiconque la voit, et entend ce qu'elle nous raconte. Margot y a dessiné la vision que Rembrandt se faisait d'elle. Elle nous confie dans cette gravure le calvaire qu'elle subit, et l'idéologie qui va lui coûter la vie. »

Tous deux captivés par la femme-écrevisse, Ferdinand von Hauser, acteur fétiche des plus grands cinéastes allemands de l'entre-deux-guerres, et son petit-fils, Grégoire, en sont les principaux héritiers. Incapables de s'émanciper de cette figure obsessionnelle, sur laquelle se greffe et cristallise l'histoire la plus sombre de l'Europe, ils essaient en vain de mener une vie autonome, de sortir d'eux-mêmes, de se déposséder. L'« hérédité spectrale », « hérédité de nécrose », réapparaît à l'instar d'un symptôme chronique et les ronge comme un cancer au fil du temps (c'est d'ailleurs le sens littéral d'« écrevisse » en allemand, *Flusskrebs*). La « secrète maladie que cette bête incarne *[...]* a dévoré une partie de moi-même », avoue Ferdinand.

Le registre tout à la fois baroque et gothique de ce roman décadentiste est enjolivé d'images musicales, finement ouvragées, qu'auraient pu choisir Gérard d'Houville, Maurice Dekobra ou Jean-Jacques Schuhl : « L'azur sur la Seine se zébrait de zestes mauves et carmin qui teintaient la vapeur des lumières de la ville, en pyrotechnique. » Et aussi d'annotations cliniques d'une grande perspicacité : « Le délire agit par vagues, noyant le cerveau, puis se retirant, marée lente et salutaire, dévoilant une plage neuve, brillante sous le soleil de l'esprit rétabli, parsemée de débris de vérité, qui luisent en diamants au petit matin. »

La survivance (*Nachleben*) de la femme-écrevisse est la clef de la folie dont sont victimes ceux qu'elle a envoûtés. Oriane Jeancourt Galignani ausculte ce mystère à vif et le dissèque méthodiquement, en extrayant avec ses pinces les nerfs et les tendons. › Lucien d'Azay

Suivant l'azur, de Nathalie Léger, P.O.L., 80 p., 11 €

À la mort de son mari, le dramaturge Jean-Loup Rivière, le 23 novembre 2018, Nathalie Léger s'est retrouvée désemparée face à cet insupportable scandale. En proie à un désarroi qui l'accable au point que son corps s'effondre d'un coup, elle se met à écrire son expérience du deuil pour exorciser, semble-t-il, la sidération qu'elle a si profondément ressentie quand a soudain expiré l'homme qu'elle aimait. Ce texte bref, dense, poignant, d'une suprême concision, est une ascèse. Comme elle l'avait fait dans *Supplément à la vie de Barbara Loden* et dans *La Robe blanche*, Nathalie Léger se focalise sur des images, des souvenirs, des répliques, des sensations, qu'elle ressasse jusqu'à en épuiser le sens pour en extraire l'essence, qui s'ouvre en elle comme une fenêtre sur la vie. Et de citer Roland Barthes : « C'est l'intime qui veut parler en moi, faire entendre son cri, face à la généralité, à la science. » Ainsi, bien qu'elle ne soit pas mystique et ne parvienne pas à prier, elle s'interroge sur le devenir de l'âme et accueille presque avec joie la poésie de la métempsycose dans diverses croyances exotiques. Cette chair désormais inerte qu'elle ne pourra jamais plus étreindre subsiste peut-être encore sous la forme d'un corps astral. Elle retrace la carte de son passé conjugal et s'accroche au principe de la thermodynamique d'Antoine Lavoisier – « rien ne se perd, rien ne se crée, tout se transforme » – pour se persuader que le néant n'existe pas. Elle se demande ce que son mari a lui-même éprouvé au moment du trépas, ce « passage » de la vie à la mort, « cet éloignement incompréhensible – ta disparition ». Et nous donne cette magnifique description de la condoléance, au sens propre : « Les larmes, c'est ton âme qui souffre en moi, je ne sais pas si c'est le sentiment ou l'émotion, je sais seulement que tout mon corps pleure en esprit. » La littérature, comme la religion, peut nous consoler (du latin *consolari*, de *cum* et *solus* : se recomposer, se recueillir, remédier à l'incomplétude) en magnifiant, par des récits, si fictifs soient-ils, l'horreur de la finitude humaine. « Pendant que j'entrais, hallucinée, dans l'épaisseur crasse du chagrin, pendant que je pleurais dans la grisaille d'une chambre triste, tu embarquais dans la nacelle, rieur, bientôt saisi par l'immensité et la beauté du monde », écrit-elle en nous montrant la voie de la délivrance : suivre l'azur « dans un élan de gratitude généralisée, une dilatation, une adhésion au monde tel qu'il est, écumant, indifférent et allègre ». › Lucien d'Azay

Retour à Martha's Vineyard,
de Richard Russo, traduit par Jean Esch, Quai Voltaire, 380 p., 24 €

Ils se sont rencontrés, ils se sont liés, ils se sont séparés. Aujourd'hui, quarante-cinq ans après, ils se retrouvent réunis à Chilmark, sur l'île de Martha's Vineyard, dans la maison de famille de Lincoln Moser. Nous sommes en 2015 et ils ont 66 ans. Les trois amis se souviennent alors de leur dernier week-end sur l'île, lors du Mémorial Day, en 1971. Ils étaient accompagnés de Justine Calloway. Chacun d'entre eux avait alors pris une route différente. Lincoln Moser s'est marié avec Anita et est père de six enfants. Il a gagné sa vie en tant qu'agent immobilier. Teddy Novak est devenu directeur d'une petite maison d'édition universitaire, spécialisée dans les ouvrages religieux. Il lutte, encore aujourd'hui, contre de graves troubles psychiques. Mickey Girardi a fui la guerre du Viêt Nam au Canada et a continué comme musicien et ingénieur du son. Il a divorcé deux fois. La jolie Justine Calloway a, elle, disparu à tout jamais. Aucune trace. Peut-être a-t-elle été assassinée.

Le romancier américain Richard Russo analyse la société américaine, avec son culte de la violence, ses injustices sociales, son goût de la liberté, sa guerre du Viêt Nam, sa crise de 2008, son rapport aux femmes, à travers une amitié de jeunesse entre hommes. Les trois amis s'étaient rencontrés dans une université bourgeoise de la côte Est. Ils étaient moins favorisés que les autres étudiants et gagnaient de l'argent comme serveurs et aides-cuisiniers à la sororité du campus. Ils étaient tous les trois amoureux de Justine Calloway. L'auteur d'*Un homme presque parfait* raconte leurs liens à tous les quatre à travers le temps long. Il restitue leurs relations difficiles avec leurs parents. Les protagonistes appartiennent à une génération pour qui la guerre du Viêt Nam n'a jamais disparu des esprits. La scène déterminante de leur vie a été une soirée de 1969 où, à l'université du Connecticut, tous les serveurs s'étaient réunis à l'office de la résidence des Theta pour assister au

tirage au sort de la conscription sur un téléviseur. À quoi tient une vie ?
Richard Russo est un auteur classique et élégant. Dans ses romans et récits, les hommes cachent leurs fêlures. Les amis de *Retour à Martha's Vineyard* doivent tous les trois lutter avec le poids de leurs choix. Lincoln Moser ne trahit-il pas sa mère en souhaitant vendre la maison de Chilmark, qui était sa part de liberté ? Teddy Novak n'est-il pas passé à côté de l'amour, en dissimulant ses faiblesses aux femmes aimées ? Mickey Girardi s'est-il comporté comme un lâche en fuyant la guerre du Viêt Nam au Canada ? Toute l'histoire tourne autour de la présence tragique et fantomatique de Justine Calloway. On va découvrir ce qu'elle est devenue. À l'université de Minerva, un professeur, Tom Ford, leur donnait des cours d'histoire sur les causes lointaines et les causes immédiates dans la guerre de Sécession. Le professeur tentait de leur enseigner quelque chose de simple : la vérité des êtres et des choses se dissimule le plus souvent dans les causes lointaines. ❭ Marie-Laure Delorme

Une bête aux aguets, de Florence Seyvos, L'Olivier, 140 p., 17 €

Elle est l'auteure des êtres à part. La romancière Florence Seyvos capture leur monde intérieur, leur étrangeté, leur rupture avec la société. Dans *Une bête aux aguets*, on plonge dans l'univers d'Anna. À l'âge de 12 ans, elle a attrapé une rougeole puis une pneumonie. Sa mère ne l'a pas emmenée à l'hôpital. Elle a fait venir au chevet de sa fille un ami nommé Georg. Un homme trouble. Georg va, à la fois, la sauver et la perdre. Sa guérison ressemble à un scintillement. Anna va devoir cependant avaler des comprimés procurés par Georg. Un comprimé blanc chaque jour et un comprimé bleu chaque semaine. C'est pour la vie ou pour la mort. On ne sait pas. Anna entre alors, à pas feutrés, dans un monde parallèle. Elle entend dans sa tête des voix et des bruits. Bientôt, elle flottera au-dessus de son lit, dans sa chambre d'adolescente. Le temps s'est fracturé en deux. Dorénavant, celle qu'elle était regarde celle qu'elle est devenue.
Florence Seyvos a un style elliptique et poétique. Elle ne raconte pas tant le temps de l'adolescence que l'adolescence à perpétuité. Ses personnages sont en déséquilibre. Devant la dureté de la vie, ils se sont repliés à l'intérieur d'eux-mêmes, où ils ont cessé de grandir. Ils ont créé leur propre univers. La folie est le grand thème de son œuvre romanesque. Ses protagonistes sont des inadaptés sociaux, des déclassés, des handicapés mentaux. Leur regard sur le monde se situe à côté de la vie. L'amitié est là, sous une forme ou une autre. Anna a comme amie Christine. Toutes deux vivent seules avec leur mère. Anna garde aussi, de temps en temps, le fils des voisins du dessous. Mais sa mère ne veut plus qu'elle fréquente Louis. Elle accuse le fils des voisins d'avoir transmis la rougeole à sa fille. Anna rencontre enfin Ariel. Ils vivent une histoire d'amour.
Dans *Une bête aux aguets*, Florence

Seyvos parle de l'effroi devant la vie. La bête aux aguets représente la peur prête à la dévorer entièrement. L'univers de la romancière est proche de celui de J.D. Salinger. Les adultes ne sont d'aucun secours. La rencontre du père et de la fille est celle du désamour. Tout est mystère et irrésolution. On ne sait pas si Anna doit arrêter ou non de prendre ses médicaments ? On ne sait pas quel rôle joue exactement Georg dans sa vie ? On ne sait pas qui est sa mère omniprésente et lointaine ? Comme tous les gens fragiles, la jeune fille se sent bien dans la répétition des choses. Anna se tient entre deux mondes. Dans cet entre-deux, une fine lumière se faufile. › Marie-Laure Delorme

Histoire de la fatigue. Du Moyen Âge à nos jours, de Georges Vigarello, Seuil, 480 p., 25 €

À force de travailler sur le corps et ses représentations depuis de longues années, Georges Vigarello s'est aperçu que le thème de la fatigue, aussi surprenant que cela puisse paraître, n'avait été que très peu traité d'un point de vue historique. D'où l'intérêt de cette publication originale, pionnière et bienvenue qui s'intéresse à toutes les métamorphoses de ce phénomène, du Moyen Âge jusqu'aux plus récents développements de l'actualité, car la fatigue a évolué au cours des siècles. D'une fatigue qui concernait au premier chef voyageurs et marcheurs (pèlerins, marchands et chevaliers), ainsi que les combattants, tant militaires que spirituels, avec l'ère moderne, celle-ci tend à se diversifier et à toucher un plus grand nombre de catégories, aussi bien les misérables des campagnes que les courtisans. Avec les Lumières et le recul de la religion, la fatigue étend encore son empire et devient un sujet d'étude, avant d'épouser l'ère quantitative qui adviendra au XIXe siècle. Au XXe siècle, elle semble devenir omniprésente et toucher à la part psychologique de chaque être, autrement dit sa dimension la plus intime. Comme la plupart des activités humaines, elle s'est déplacée sur d'autres terrains. Les formes actuelles d'épuisement épousent les contours de la vie moderne : exaspérations, impatiences, pression, stress, harcèlement… Le rapport à la fatigue s'est inversé : « Non plus la fatigue physique venant envahir le mental au point de le hanter, mais la fatigue psychologique venant envahir le physique au point de le briser ; figure la plus fréquente, sans doute, de la fatigue contemporaine. »
À la question de savoir si l'actuelle pandémie a modifié l'état de fatigue, l'auteur étudie les nouvelles tendances liées au télétravail, à la promiscuité, à la situation particulière de certaines professions (les soignants par exemple), et affirme que les tendances observées ces dernières décennies ont été confirmées. L'état de fatigue est bien présent, plus que jamais. Le précieux essai du directeur d'études à l'EHESS nous le montre avec conviction et nous en fait prendre une claire conscience. C'est là un inestimable mérite. › Charles Ficat

Un jour ce sera vide, de Hugo Lindenberg, Christian Bourgois, 176 p., 16,50 €

Premier roman remarqué de la rentrée littéraire, *Un jour ce sera vide* met en scène un jeune garçon de 10 ans pendant ses vacances estivales en Normandie dans la maison de sa grand-mère. Sa solitude est interrompue par la rencontre, sur la plage, d'un autre garçon, Baptiste, qui s'apprête à enchanter le monde aux yeux du narrateur, dont on ignore le prénom puisque le roman est écrit à la première personne. L'arrivée de Baptiste dans sa vie n'est pas sans rappeler l'apparition d'Augustin Meaulnes au cœur de la vie de François Seurel dans le célèbre roman d'Alain-Fournier. Tout ce qui tourne autour de Baptiste devient prétexte à fascination : son être, ses parents, sa villa, tout ce qui provient de son univers – « Il n'y a rien de mieux que de mettre la table chez Baptiste ». Et, par contraste, le malaise grandit lorsqu'il compare ce qu'il admire à sa propre provenance : sa grand-mère qui offre à l'autre famille un bol de foie haché – à son grand dam –, sa tante schizophrène, ses origines familiales à l'histoire tragique.

Servi par une écriture empreinte de délicatesse, *Un jour ce sera vide* parvient à saisir le lecteur à travers des chapitres tendus, composés d'un bloc, c'est-à-dire sans paragraphe, qui s'apparentent à des poèmes en prose. Le trio des personnages féminins, composé de la grand-mère, la tante et la mère de Baptiste à l'enivrant parfum, constitue trois archétypes de femmes qui accompagnent le narrateur dans son initiation au monde. Hugo Lindenberg sait jouer des détails et des souvenirs qui façonnent l'imaginaire d'un jeune garçon. Même si l'on devine beaucoup, tout n'est pas dit : « Le silence, c'est ça mon héritage », confie le narrateur. Il reste que ce roman introspectif témoigne d'une grande maîtrise, d'un souci stylistique et d'une exploration des sentiments qui ravive les « mondes engloutis ». Nul doute que Hugo Lindenberg aura d'autres pans de son histoire à transmettre à l'occasion de ses futures œuvres. › Charles Ficat

Le Testament du banquier anarchiste, suivi de **Le Banquier anarchiste, par Fernando Pessoa**, d'Adeline Baldacchino et Édouard Jourdain, Éditions Libertalia, 188 p., 14 €

N'avez-vous jamais rêvé que le protagoniste d'un roman se matérialise devant vos yeux afin de pouvoir continuer, par un miracle inconnu, avec un être de chair, le dialogue entamé par l'entremise de la fiction ? C'est très exactement la proposition formulée par *Le Testament du banquier anarchiste*, d'Adeline Baldacchino (*Notre insatiable désir de magie*, Fayard, 2019) et Édouard Jourdain (*Proudhon contemporain*, éditions du CNRS, 2018; *L'Anarchisme*, La Découverte, 2013, réédité en 2020), qui ressuscitent, par un audacieux tour de magie, le personnage du banquier anarchiste imaginé par Fernando Pessoa. Dans ce court texte, délicieusement ironique, publié par le poète portugais en 1922, Pessoa imaginait une discussion à bâtons rompus, entamée à

la fin d'un dîner au restaurant, avec un banquier se disant anarchiste. Le premier mérite du *Testament du banquier anarchiste* est d'exhumer ce texte mal connu de Pessoa, petit joyau d'humour, de dérision et d'intelligence, dans lequel l'auteur du *Livre de l'intranquillité* s'en prend avec une verve joyeuse aussi bien à l'hypocrisie de la société bourgeoise de son temps qu'aux accommodements des intellectuels dits « révolutionnaires ». Au passage, Pessoa analyse avec beaucoup de lucidité, en 1922, la grande révolution qui gronde alors aux portes de l'Europe : « Et vous verrez ce qu'engendrera la révolution russe : quelque chose qui retardera de plusieurs dizaines d'années l'accomplissement de la société libre. » Édouard Jourdain et Adeline Baldacchino font précéder ce texte essentiel d'une introduction écrite à quatre mains, en forme de dialogue à trois voix né d'une rencontre imaginaire avec le personnage du banquier anarchiste au printemps 2020, à une terrasse de café parisien. Mythomane, escroc, fantôme, héritier ? Le vieux malin entame avec le couple une conversation en sept rencontres qui offre au lecteur une stimulante exploration des théories anarchistes.
› Laurent Gayard

L'Esprit impérial. Passé colonial et politiques du présent,
de Robert Gildea, traduit par Simon Duran, Passés Composés-Humensis, 496 p., 25 €

« Un rêve de gloire, une chronique de l'angoisse. » Robert Gildea, professeur d'histoire moderne à Oxford, condense ainsi, dans *L'Esprit impérial. Passé colonial et politiques du présent* ce que lui parurent être les deux empires coloniaux du Royaume-Uni et de la France, et ce qu'ils demeureraient sous une forme nocive en exerçant encore une influence sur leur politique actuelle, tant intérieure qu'étrangère.
Élève de Théodore Zeldin, adepte de l'histoire comparée propre aux *Annales* et de l'usage du concept de « mentalité politique », il émet des idées qui, pour la plupart, ne sont pas douteuses dans leurs prémisses mais pêchent par un manichéisme idéologique rampant dans leurs développements.
L'auteur avance que la décolonisation des années soixante n'a pas marqué la fin effective de l'histoire coloniale, mais se poursuit par un nouvel impérialisme de caractère souvent financier et par la persistance d'une « fracture coloniale » en interne. Le racisme à l'encontre des populations immigrées issues des anciennes colonies aurait même conduit à établir des « barrières de couleur » informelles qui maintiennent une « hiérarchie coloniale », aussi bien en France républicaine qu'en Grande-Bretagne multiculturelle.
Il est évident que la fin des colonies n'a pas signé la disparition des ambitions et des manœuvres des anciennes nations impériales, mais prétendre qu'elles n'ont jamais eu de cesse de continuer, sciemment, à perpétuer chez elles les clivages coloniaux d'autrefois et à batailler ferme pour ne rien concéder en matière d'acceptation de l'autre sur leur sol est outrancier.

De manière plus pertinente, il montre comment le souvenir de l'empire disparu a pesé de manière différenciée sur la perception qu'ont de l'Union européenne nos deux vieilles nations. De fait, la France considère l'Europe comme conciliable avec ses engagements « néocoloniaux » tandis que le Royaume-Uni a été de plus en plus mal à l'aise avec une appartenance européenne formelle, l'éloignant en outre de son cher « grand large ». Le Brexit apparaîtrait ainsi comme le dernier avatar d'un regret des grandeurs passées, tandis que la France serait en général plus détachée à cet égard…

Mais pourquoi ce livre ambitieux, écrit avec élégance, irrite-t-il parfois ? Quelques erreurs historiques assez surprenantes sont relevées. Surtout, il se présente finalement comme une charge implacable et définitive contre la France et le Royaume-Uni sur la question coloniale. Et une charge, d'ailleurs, à sens unique, passant notamment sous silence les comportements passés ou présents de puissances autres qu'européennes, qui ne furent pourtant guère tendres envers les peuples qu'elles soumirent.

Robert Gildea semble ne demander des efforts de dialogue et de compréhension qu'aux vieilles nations européennes, supposées en outre vivre dans l'angoisse identitaire, ce qui fait fortement douter qu'elles puissent raisonnablement répondre aux aspirations de l'auteur. Cela est pernicieux car la perspective d'un monde apaisé s'éloignerait d'autant… › Jean-Pierre Listre

Les Lettres d'Esther, de Cécile Pivot, Calmann Lévy, 311 p., 19,50 €

Est-ce le signe de notre époque en quête de sens et de métaphysique ?
En cette rentrée littéraire 2020, plusieurs auteurs ont élu le genre épistolaire pour motif et forme à leurs romans. Entre autres le remarquable et remarqué *La Demoiselle à cœur ouvert* de Lise Charles (P.O.L.) ; et *Les Lettres d'Esther*, troisième roman de Cécile Pivot, où la correspondance alterne avec la narration classique à la troisième personne. L'histoire commence quand Esther, une libraire de Lille, ouvre son atelier d'écriture. Cinq élèves s'y inscrivent, aussi différents qu'on puisse l'imaginer. Il y a Jeanne, une veuve énergique qui souffre de la solitude et se dévoue à la cause animale ; Samuel, un adolescent en rupture scolaire dont le frère aîné est mort et qui se sent coupable de survivre ; Juliette et Nicolas, respectivement boulangère et restaurateur, dont le couple est confronté à une sévère dépression post-partum ; et Jean, homme d'affaires divorcé et à bout de souffle. Ils ne se rencontrent qu'une seule fois avant le début de l'exercice, ensuite chacun des participants doit se choisir deux correspondants réguliers. Ainsi pendant plus de trois mois, par la grâce du stylo et de la feuille blanche, des liens se nouent, des masques tombent, des romans familiaux s'effondrent. Car la lettre, comme le journal intime, permet tout à la fois de mêler la réflexion banale à l'introspection minutieuse, et d'entrelacer vie quotidienne et aspiration spirituelle : ce sont des « Je » qui s'y expriment, des cœurs mis à nu,

mais des cœurs que la conscience, l'intelligence (et la lenteur de l'exercice calligraphique) forcent à la maîtrise. Et c'est d'une infinie humanité. Comme si les lettres avaient ce pouvoir de créer un lien particulier entre ceux qui les écrivent, et les mots de soigner, lorsqu'ils sont choisis et non jetés, bâclés, dans un courriel ou un SMS. › Isabelle Lortholary

La Jeune Fille au chevreau,
de Jean-François Roseau, Éditions de Fallois, 277 p., 19 €

Pendant la Seconde Guerre mondiale, un lycéen tombe éperdument amoureux d'une femme de 30 ans dont il devient l'amant, avant de découvrir son implication et sa collaboration avec les nazis et d'assister à son procès : ainsi résumé, on ne peut se défendre de rapprocher le roman de Jean-François Roseau du best-seller de l'auteur allemand Bernard Schlink, paru en France en 1996 sous le titre *Le Liseur* (Gallimard). Dans les deux livres, la culpabilité et les remords hantent les héros masculins jusqu'à la fin de leur vie, d'abord parce qu'ils n'ont pas su comprendre ce qui se déroulait sous leurs yeux ; ensuite parce qu'ils n'ont pas pu sauver la femme aimée. Et la question demeure de leur responsabilité dans cette éducation sentimentale tragique reçue en aveugle. Pourtant la naïveté, ou l'aveuglement, du « petit pygmalion » nîmois de Roseau n'est rien à côté de l'aveuglement immense et du malaise profond du « garçon » (*Junge* dans le texte allemand) de Schlink. Et là où ce dernier, une fois adulte, éprouvait mépris et dégoût en retrouvant son Hanna illettrée prostrée sur le banc des accusées d'une cour d'assises en Allemagne, le Nîmois, devenu vieillard, ne ressent que tristesse. Car M, dite « la battue », n'était pas une kapo, loin s'en faut, mais une femme de la bourgeoisie ayant servi de modèle à une statue, dont le tort principal était de faire profiter de ses charmes les officiers allemands afin de sauver sa vie et, accessoirement, quelques autres. N'empêche : les deux romans, les deux récits, partagent la même qualité d'offrir un regard de biais sur la Seconde Guerre mondiale, le nazisme et ses déportations, ses exterminations. Et de montrer combien désir de comprendre et besoin de condamner vont souvent de pair lorsqu'il s'agit d'expier son passé. › Isabelle Lortholary

L'Égalité, un fantasme français,
de Michel de Rosen, Taillandier, 288 p., 19,80 €

Michel de Rosen embrasse large. C'est sa nature pour ceux qui le connaissent et c'est aussi la singularité de cet ouvrage sur un sujet rebattu par les flots de l'histoire et des débats sans fin dont notre pays a le secret. À ma connaissance, on n'avait pas jusqu'alors produit une réflexion globale sur l'égalité faisant appel aux ressources de la philosophie, de l'histoire, de l'économie, de la sociologie et des comparaisons internationales. Il s'agit pour Michel de Rosen d'affronter résolument la complexité du sujet plutôt que de s'en tenir à un parti pris, un biais ou à une seule face de la question. Sa double expérience de haut fonctionnaire dans un premier temps, puis de responsable d'entreprise aux États-Unis et en France le porte à cette approche kaléidoscopique. Il est tout de même très étrange, constate-t-il, que la France soit le seul pays au monde à intégrer l'égalité dans sa devise nationale. L'on pourrait toujours se satisfaire à cette aune de constater que la redistribution à la française avait pour résultat de réduire les inégalités de revenu net plus fortement que dans les autres pays. Mais le livre de Michel de Rosen met en lumière le coût hors norme payé par la nation pour obtenir ce résultat : déficit des finances publiques, endettement en croissance continue, appareil bureaucratique centralisé pour gérer ces mécanismes pesant lourdement sur les pays et ses entreprises. Nous touchons les limites du système. De plus, il est très clair que les inégalités et leur reproduction trouvent de plus en plus leur origine dans l'éducation, l'accès à l'emploi, l'ouverture aux différents domaines de la culture. L'observation des courbes de Gini n'épuise pas le sujet. Ce constat conduit logiquement Michel de Rosen à mettre l'accent sur la mobilité sociale pour dépasser nos déchirements sur le thème de l'égalité. Retrouver de la fluidité dans notre société, voilà un projet qui couvre tout le champ à traiter pour créer les conditions d'une plus grande mobilité sociale en France. Il y a urgence. › Thierry Moulonguet

Dernière cartouche, de Caroline de Bodinat, Stock, 216 p., 19 €

La dernière cartouche comme la dernière carte, le dernier coup à tenter quand il ne reste plus aucun espoir, et que l'on accepte de tout perdre ; une fin de partie en quelque sorte. C'est ainsi que se présente la scène d'ouverture. Paul des Tures, père de la narratrice, meurt à 51 ans, un jour de février, en manipulant un fusil chargé coincé à l'arrière de sa voiture. Tel un leitmotiv, le livre tourne autour de ce destin, oscillant entre l'hypothèse de l'accident et celle du suicide. Fait divers dont la presse locale fait sa une, assurant pour une fois à la victime la reconnaissance qui lui a toujours manqué. Fin tragique et paradoxale pour un amoureux de la chasse qui fut toute sa vie en quête d'un succès toujours entrevu et jamais réalisé. Tour à tour imprimeur, publicitaire, vendeur hors pair, il emballait ses clients avec pour seul défaut d'être dans l'incapacité de livrer la commande à temps. Sa fille tente de recoudre les pièces d'un puzzle éclaté composant l'image d'une famille accompagnant les mésaventures d'un chef de famille à la poursuite d'une stabilité impossible à atteindre. Les faillites s'accumulent, mais on fait comme si. La peur du qu'en-dira-t-on soude le clan familial. La mère en épouse dévouée arrondit les angles en permanence. Cette aristocrate provinciale se débrouille pour étouffer dans l'œuf la moindre rumeur, tout doit aller le mieux du monde. Elle donne parfaitement le change, les soirées de bridge à la maison servent à combler les béances de ce couple qui bat de l'aile. Les enfants, comme la mère, succombent tout en résistant au charme de ce rebelle sans cause, incapable de s'expliquer. Et pourtant, ce paladin de l'échec attire son monde, ses fêlures lui ouvrent bien des cœurs. Fuyant ses détresses, il en vient à détester ceux qui partent, ceux qui le quittent alors que lui, inexorablement, se sent glisser, déraper, échapper à sa tribu qui, malgré tout, reste le seul repère stable dans son errance. Finalement, ces pages racontent moins le résultat d'une enquête que les réverbérations d'un événement qui ne cesse de se répéter. ❯ Bertrand Raison

Éloge du magasin, contre l'amazonisation, de Vincent Chabault, Gallimard, 174 p., 18 €

Le magasin est un vieux mot français dont on a envie de faire l'éloge en ces temps d'amazonisation à marche forcée. Il est issu de l'arabe *makhâzin*, qui désignait les entrepôts dans le monde méditerranéen et proche-oriental. C'est au XIIIe siècle que le terme *magazenum* a été entendu pour la première fois dans l'antique Massilia pour évoquer les comptoirs installés au Maghreb par les Marseillais. À la fin du siècle de Louis XIV, Antoine Furetière définit le magasin comme un « lieu où on serre, où on fait provision de marchandises, de vivres, de munitions ». Selon son *Dictionnaire universel*, « on appelle aussi magasin l'arrière-boutique ou la chambre d'en haut où on serre les meilleures marchandises. Les libraires ont aussi des magasins de livres dans des greniers ».

Dans un livre publié le 9 janvier 2020, avant que la gravité de la crise sanitaire déclenchée en Chine soit officiellement prise en compte en France, le sociologue Vincent Chabault, maître de conférences à l'Université de Paris et chargé d'enseignement à Sciences Po, a senti la nécessité de faire non seulement l'éloge du mot, mais aussi celui de la chose. Puissante intuition. Parmi les conséquences économiques et sociales de la pandémie de Covid-19 et du grand confinement, la plateformisation des « expériences d'achat » – comme on dit en novlangue marketing – est l'une des plus frappantes. Il est donc urgent de lire le vif petit essai de Vincent Chabault qui s'emploie à démontrer que l'avenir des magasins, des boutiques, des librairies et des kiosques à journaux n'est peut-être pas scellé. Il est pour les magasins de centre-ville un avenir à repenser sans se laisser obséder par le modèle Amazon : proximité, confiance, convivialité, authenticité, identité locale, vie de quartier, rencontres inattendues, etc. Les magasins ont davantage d'atouts que ne le prétendent les prophètes de malheur. Des choses, revenons aux mots pour conclure et souvenons-nous du plaisir que procure le fait de pouvoir dire « mon boucher », « mon libraire », « mon pharmacien », « mon fleuriste », « mon caviste ». ❯ Sébastien Lapaque

REVUE DES DEUX MONDES

97, rue de Lille | 75007 Paris
Tél. 01 47 53 61 50 | Fax 01 47 53 61 99
N°ISSN : 0750-9278
www.revuedesdeuxmondes.com
revuedesdeuxmondes@gmail.com
Twitter @Revuedes2Mondes

Rédaction

Directrice | Valérie Toranian
vtoranian@revuedesdeuxmondes.fr
Coordinatrice éditoriale | Aurélie Julia
ajulia@revuedesdeuxmondes.fr
Secrétaire de rédaction | Caroline Meffre
cmeffre@revuedesdeuxmondes.fr
Révision | Marie-Jo Sourice

Comité d'honneur

Alexandre Adler | Nathalie de Baudry d'Asson | François Bujon de l'Estang | Françoise Chandernagor | Marc Lambron | Alain Minc | François d'Orcival | Étienne Pflimlin | Ezra Suleiman | Christian Jambet

Comité de rédaction

Manuel Carcassonne | Olivier Cariguel | Jean-Paul Clément | Charles Dantzig | Franz-Olivier Giesbert | Renaud Girard | Adrien Goetz | Thomas Gomart | Aurélie Julia | Robert Kopp | Élise Longuet | Thierry Moulonguet | Jean-Pierre Naugrette | Éric Roussel | Eryck de Rubercy | Jacques de Saint Victor | Annick Steta | Marin de Viry

Communication | partenariats | publicité

Responsable du développement et des partenariats
Marie Pagezy | mpagezy@revuedesdeuxmondes.fr

Contact presse

Aurélie Julia | ajulia@revuedesdeuxmondes.fr

Société éditrice

La *Revue des Deux Mondes* est éditée par la Société de la Revue des Deux Mondes SNC au capital de 2 545 074 euros.

Principal actionnaire

Groupe Fimalac

Directeur de la publication

Thierry Moulonguet

Imprimé par Aubin imprimeur
Commission paritaire : n° 0325D81194
La reproduction ou la traduction, même partielles, des articles et illustrations parus dans la *Revue des Deux Mondes* est interdite, sauf autorisation de la revue. La *Revue des Deux Mondes* bénéficie du label « Imprim'Vert », attestant une fabrication selon des normes respectueuses de l'environnement.

Abonnements (9 numéros par an format papier + numérique)

France | 1 an › 89 euros | 2 ans › 165 euros | Abonnement étudiant | 1 an › 65 euros
Étranger | 1 an › 129 euros

Service des abonnements

En ligne : www.revuedesdeuxmondes.fr/abonnement.
Par courrier :
Revue des Deux Mondes | 56, rue du Rocher | 75008 Paris | Tél. : 01 44 70 14 71 | revuedesdeuxmondes@abonnescient.fr

Ventes au numéro

Disponible chez les principaux libraires (diffusion Humensis, renseignements : Andrés Morales | 01 54 42 84 82 | andres.morales@humensis.com, distribution Union Distribution) et marchands de journaux (renseignements : vente au numéro | Gilles Marti | 01 40 54 12 19 | gilles.marti@valmonde.fr).
Ce numéro comprend un bulletin d'abonnement broché entre les pages 192 et 193.
Couverture ©Philippe Matsas/Opale/Leemage